LOS 100

mejores alimentos
para la menopausia

LOS 100

mejores alimentos para la menopausia

Los alimentos más saludables para combatir los síntomas
de manera natural, con 100 deliciosas recetas

Publicado por Parragon en 2012
Love Food es un sello editorial de Parragon Books Ltd.

Parragon Book Ltd
Queen Street House
4 Queen Street
Bath BA1 1HE, Reino Unido

ISBN: 978-1-4454-7655-1

Impreso en China/Printed in China

Creación y producción: Ivy Contract
Asesoría: Judith Wills
Fotografías nuevas: Clive Streeter
Traducción del inglés: Carme Franch Ribes para Equipo de Edición S. L., Barcelona
Redacción y maquetación: Equipo de Edición S. L., Barcelona

Notas:
En este libro las medidas se dan en el sistema métrico. Para términos que difieren enormemente
según la región, hemos añadido sinónimos en la lista de ingredientes. Se considera que
1 cucharadita equivale a 5 ml y 1 cucharada a 15 ml. Si no se da otra indicación, la leche será
siempre entera, los huevos y las verduras u hortalizas, como las patatas, de tamaño medio,
y la pimienta, negra y recién molida.

Los tiempos indicados son orientativos. Los tiempos de preparación pueden variar de una
persona a otra según su técnica culinaria; asimismo, también pueden variar los tiempos de cocción.
Los ingredientes opcionales, las variaciones y las sugerencias de presentación no se han incluido
en los cálculos.

Las recetas que llevan huevo crudo o poco hecho no están indicadas para niños, ancianos, mujeres
embarazadas ni personas convalecientes o enfermas. Se recomienda a las mujeres embarazadas
o lactantes que no consuman carne ni pescado ahumados o curados ni productos lácteos sin
pasteurizar. Las personas alérgicas a los frutos secos tendrán que tener en cuenta que algunos
de los productos preparados que llevan estas recetas pueden contenerlos; por tanto, antes de
dosificarlos deberán leer atentamente la lista de sus ingredientes.

La información nutricional de las recetas corresponde a la base de datos del departamento
de agricultura de Estados Unidos.

ÍNDICE

INTRODUCCIÓN

Entre finales de los cuarenta y principios de los cincuenta, o en algunos casos antes o después, la mujer deja de ovular y su cuerpo experimenta una serie de cambios físicos. Los meses o años que preceden al final de la menstruación reciben el nombre de «perimenopausia», mientras que la menopausia propiamente dicha empieza cuando cesa definitivamente el ciclo menstrual. En los años posteriores, o postmenopausia, muchas mujeres siguen experimentando algunos síntomas de la perimenopausia y la menopausia, como si aún no hubieran superado esta última etapa.

La menopausia conlleva síntomas físicos como sofocos —sensación de calor, enrojecimiento y a veces sdor—, sudoración nocturna, insomnio, cansancio, cefaleas, dolor, malestar general, problemas de memoria y piel seca. En cuanto a los síntomas emocionales se cuentan la ansiedad, la depresión, los cambios de humor y los accesos de llanto. Muchos de estos síntomas se deben al descenso brusco y acusado de estrógenos en el cuerpo.

Si bien algunas mujeres siguen un tratamiento hormonal sustitutivo para contrarrestar los síntomas de la menopausia, bastan unos cuantos cambios en el estilo de vida para hacerlos más llevaderos. La actividad física moderada al aire libre ayuda, pero quizá una dieta adecuada sea el factor más determinante.

Los alimentos que ingerimos y la forma en que lo hacemos influyen de forma decisiva en la salud y el bienestar antes, durante y después de la menopausia.

La alimentación en la menopausia

Durante y después de la menopausia, los alimentos que aparecen estas páginas mejoran nuestra salud y bienestar gracias a sus nutrientes esenciales. Algunos neutralizan los sofocos o el insomnio, por ejemplo, mientras que otros regulan el estado de ánimo o alivian la depresión. Hay alimentos que previenen la piel seca y otros que combaten el cansancio. De hecho, hay uno indicado para cada síntoma. Si se habitúa a seguir esta lista, su estado de ánimo, su calidad de vida y su bienestar mejorarán considerablemente.

En el climaterio se aplican las mismas claves que en la nutrición adulta. Se resumen en los siguientes puntos:

• Ingiera al menos 5 porciones (mejor si son 7) de frutas y hortalizas al día, intentando que haya una cantidad equitativa de ambas. Elíjalas de los colores más variados posible y escoja distintos tipos de hortalizas (de hoja, tubérculos y leguminosas) y frutas (de hueso, con pepitas, bayas, exóticas) para beneficiarse de los fitoquímicos de las diversas variedades.
• Consuma proteínas saludables, como carne magra, aves, marisco, pescado, huevos, lácteos desnatados, frutos secos, semillas y legumbres. Incluya pescado azul en la dieta al menos 2 o 3 veces por semana.
• Elija carbohidratos complejos y no simples, como pan, cereales para el desayuno y arroz y pasta integrales en lugar de las variedades blancas refinadas. Disminuya el consumo de azúcar y otros edulcorantes.
• Modere el consumo de grasas, favoreciendo las monoinstauradas (como el aceite de oliva) u otros aceites saludables. Evite las grasas saturadas, como las de la leche entera y la carne grasa, y las denominadas grasas «trans» de la bollería industrial, las patatas fritas envasadas y las margarinas.
• Intente seguir una dieta natural con pocos alimentos envasados, en conserva o refinados.
• Limite el consumo de alcohol a un par de vasitos al día, y evítelo por completo al menos 2 días a la semana.

Menopausia, alimentación y futuro

Una de las consecuencias del descenso de hormonas de la menopausia es que la mujer empieza a perder densidad ósea a marchas forzadas, lo que con el tiempo puede derivar en osteoporosis. Otra consecuencia es que el riesgo cardiovascular de la mujer se equipara al del hombre, ya que las hormonas femeninas dejan de ofrecer protección frente a las enfermedades coronarias. Durante y después de la menopausia aumenta la tendencia a ganar peso y contraer diabetes de tipo 2 debido al descenso de la tasa metabólica, mientras que los cambios hormonales favorecen la acumulación de grasa en la cintura y el abdomen. Muchas mujeres también acusan una pérdida de deseo sexual.

Aun así, seguir una dieta adecuada antes, durante y después de la menopausia puede contrarrestar estos inconvenientes y aportar beneficios a corto y largo plazo. La alimentación incluso puede minimizar la incidencia de algunos tipos de cáncer asociados a la edad adulta o la vejez. Para contrarrestar los efectos negativos de este cambio en el futuro es imprescindible adoptar buenos hábitos cuanto antes: seguir una dieta rica en vitamina D, calcio y magnesio para los huesos; elegir alimentos que regulen el colesterol y la hipertensión para proteger el corazón y prevenir cáncer, y tomar alimentos saludables saciantes pero poco calóricos.

En estas páginas descubrirá todo lo que necesita saber sobre los alimentos más beneficiosos para su salud, tanto para el presente como para el futuro.

Frutas

La fruta fresca es una opción excelente para mantener
la línea en la menopausia, además de aportar nutrientes
—como vitamina C, antioxidantes y fibra— que ejercen
un efecto positivo en los síntomas del climaterio. También
merece la pena incluir fruta seca en la dieta, puesto que
contiene abundantes minerales y fibra.

(L) Ayuda a mantener la línea

(F) Fuente de fibra

(H) Fortalece y protege los huesos

(C) Saludable para el corazón

(A) Mejora el estado anímico

(P) Bueno para la piel

01

MANZANAS

Las manzanas son una de las frutas más indicadas para la menopausia. Contienen numerosas propiedades que ejercen un efecto positivo en la salud y el bienestar durante toda la vida.

También ayudan a mantener la línea, ya que son bajas en calorías, apenas contienen grasa y controlan el apetito al liberar la hormona GLP-1 (péptido similar al glucalón tipo 1), que envía señales de saciedad al cerebro. Aunque no destacan por sus vitaminas y minerales —aparte de la vitamina C, que mejora el estado anímico y el rendimiento mental, y el potasio, que previene la retención de líquidos—, contienen fitonutrientes como la quercetina, que previene el alzhéimer. La piel contiene ácido ursólico, un compuesto que evita la pérdida de masa muscular, controla la tendencia a engordar y, unido a la pectina —una fibra soluble— y al ácido D-glucólico, disminuye el colesterol. Las manzanas rojas contienen antocianinas, unos pigmentos que ayudan a mejorar la memoria y el rendimiento cerebral.

- Ricas en fitonutrientes que protegen el corazón.
- La vitamina C mejora el rendimiento mental y el estado anímico.
- La pectina y los ácidos regulan el colesterol.
- Ricas en potasio, que previene la retención de líquidos.

Consejos prácticos:
Guárdelas en el cajón de las verduras del frigorífico o en un lugar fresco y oscuro, ya que la luz y el calor destruyen las vitaminas y las propiedades. Lávelas bien pero no las pele, puesto que la piel contiene hasta cinco veces más fitonutrientes que la pulpa.

¿SABÍA QUE...?

En general las variedades antiguas, como la Granny Smith, contienen menos fructosa (azúcar) que las nuevas, como la Pink Lady y la Fuji. Las manzanas rojas suelen contener más compuestos saludables.

VALOR NUTRICIONAL DE UNA MANZANA MEDIANA (115 G)

Kilocalorías	60
Grasas	Trazas
Proteínas	Trazas
Hidratos de carbono	16 g
Fibra	2,8 g
Vitamina C	5 mg
Potasio	123 mg

Ensalada Waldorf

PARA 4

100 g de pacanas (nueces pecán)

4 manzanas de mesa,
como Granny Smith

el zumo (jugo) de 1 limón

4 ramas de apio en rodajitas

75 g de uvas negras sin pepitas
partidas por la mitad

250 g de yogur

70 g de rúcula

pimienta

Preparación

1 Tueste las pacanas unos minutos en una sartén para que suelten su aroma. Cuando se hayan enfriado y pueda manipularlas, trocéelas.

2 Pele las manzanas, trocéelas, póngalas en un bol y rocíelas con el zumo de limón para que no se oxiden.

3 Añada el apio, las uvas y la mitad de las pacanas y remueva bien. Incorpore el yogur y pimienta al gusto y mézclelo con suavidad.

4 Reparta la rúcula entre 4 platos y añada la ensalada. Adórnela con las pacanas restantes.

OREJONES DE ALBARICOQUE

02

Los orejones de albaricoque son muy nutritivos y ricos en carotenos y hierro. Constituyen un alimento muy valioso para la mujer durante la menopausia.

Los albaricoques son una fuente importante de carotenoides como el licopeno. Este pigmento evita la oxidación de las lipoproteínas de baja densidad (LDL), por sus siglas en inglés, del colesterol, que dañan los radicales libres, una de las principales causas del envejecimiento. Otro carotenoide, la criptoxantina, favorece la densidad y la salud óseas. Los albaricoques son buenos aliados para la vista, ya que el cuerpo transforma los carotenos en vitamina A, que evita la degeneración visual asociada a la edad. Asimismo contienen hierro, que aumenta la vitalidad y el rendimiento mental, evita el cansancio y la pérdida de cabello y protege el sistema inmunológico. Ayudan a mantener la línea, ya que por su alto contenido en fibra tienen un índice glucémico bajo y resultan saciantes. Por si fuera poco, no contienen grasa.

- Los carotenos protegen el corazón y los huesos.
- Previenen algunos tipos de cáncer y la degeneración visual.
- Ricos en fibra, que protege el corazón y la sangre y ayuda a mantener la línea.

Consejos prácticos:
Déjelos en remojo, de esta forma el organismo absorberá los carotenos y la fibra soluble. Si es alérgico a la aspirina, consúmalos con moderación, ya que contienen salicilato, una sustancia similar al ingrediente activo de este medicamento.

¿SABÍA QUE...?

Los orejones de albaricoque y otras frutas secas suelen conservarse con sulfitos, que pueden provocar asma en personas propensas. La fruta seca ecológica no contiene sulfitos.

VALOR NUTRICIONAL DE 25 G (3 UNIDADES) DE OREJONES REMOJADOS

Kilocalorías	47
Grasas	Trazas
Proteínas	1,2 g
Hidratos de carbono	10,8 g
Fibra	1,9 g
Vitamina C	Trazas
Potasio	414 mg
Betacaroteno	163 mcg
Hierro	1 mg

Compota de fruta seca

PARA 4

*115 g de orejones de melocotón
(durazno)*

*85 g de orejones de albaricoque
(damasco)*

*55 g de trozos de piña (ananás)
seca*

55 g de trozos de mango seco

*225 ml de zumo (jugo) de manzana
sin azúcares añadidos*

4 cucharadas de yogur (opcional)

Preparación

1 Ponga la fruta seca en un cazo y eche el zumo de manzana.
Llévelo a ebullición, baje el fuego al mínimo, tápelo y cuézalo
10 minutos.

2 Reparta la compota entre 4 platos y, si lo desea, adórnela
con 1 cucharada de yogur. Sírvala enseguida.

03 MORAS

Muy ricas en antioxidantes, que previenen el envejecimiento prematuro y las enfermedades habituales de la mediana edad. Asimismo, ayudan a mantener la línea.

Según la base de datos del Departamento de Agricultura de Estados Unidos, tienen un índice de capacidad de absorción de los radicales libres de oxígeno (ORAC, por sus siglas en inglés) de 5905, superior al de los arándanos, de 4669. Su color entre azul intenso y morado procede de varios compuestos, como el ácido elágico y las antocianinas, que previenen las cardiopatías, el cáncer y el envejecimiento prematuro. También contienen abundantes vitaminas y minerales. La vitamina C, junto al magnesio y el calcio, protege y fortalece los huesos, mientras que el hierro y el cinc refuerzan el sistema inmunológico y regulan las hormonas. La vitamina E protege el corazón, mantiene la piel sana y mejora el estado anímico y la concentración. Las moras también ayudan a mantener la línea porque son ricas en fibra y bajas en calorías.

- Alto índice ORAC, que previene las enfermedades.
- Ricas en minerales que fortalecen los huesos.
- La vitamina E protege el corazón y la piel.
- Bajas en calorías y ricas en fibra para mantener la línea.

Consejos prácticos:
Las moras se comen crudas, por lo que conservan toda la vitamina C, pero escalfadas también están deliciosas. Buena parte de su poder antioxidante se conserva tras la cocción.

¿SABÍA QUE...?
Las mujeres propensas al asma deben evitar su consumo, ya que el salicilato que contienen puede provocar reacciones alérgicas.

VALOR NUTRICIONAL DE 100 G DE MORAS

Kilocalorías	25
Grasas	Trazas
Proteínas	0,9 g
Hidratos de carbono	5 g
Fibra	3,1 g
Vitamina C	15 mg
Potasio	160 mg
Calcio	41 mg
Hierro	0,7 mg
Cinc	0,53 mg
Vitamina E	2,4 mg

Helado de frutos rojos y yogur

PARA 4

125 g de frambuesas
125 g de moras
125 g de fresas (frutillas)
1 huevo grande
175 ml de yogur griego
125 ml de vino tinto
2¼ cucharaditas de gelatina
  en polvo
frutos rojos, para adornar

Preparación

1 Triture las frambuesas, las moras y las fresas en el robot de cocina o la batidora hasta obtener un puré homogéneo. Páselo por un colador apoyado en la boca de un bol y deseche las pepitas.

2 Casque el huevo y separe la yema de la clara. Incorpore la yema y el yogur al puré de fruta y reserve la clara.

3 Vierta el vino en un bol refractario y esparza la gelatina por encima. Déjelo reposar 5 minutos y luego encaje el bol en la boca de un cazo con agua hirviendo, sin que llegue a tocarla, y caliéntelo hasta que la gelatina se disuelva. Incorpórelo al puré de fruta poco a poco, sin dejar de batir. Páselo a un recipiente para el congelador y congélelo 2 horas o hasta que adquiera la textura de un granizado.

4 Monte la clara a punto de nieve en un bol bien limpio. Saque el helado del congelador e incorpórele la clara montada. Devuélvalo al congelador 2 horas más, o hasta que se endurezca. Para servirlo, ponga bolas de helado en cuencos y adórnelo con frutos rojos.

04 PLÁTANOS

Los plátanos son un valioso alimento para la menopausia, ya que ayudan a mantener la línea, previenen la diabetes y la hipertensión y favorecen el sueño reparador.

El plátano es una de las pocas frutas ricas en fécula, con un índice elevado de fécula resistente, una sustancia similar a la fibra en el sentido de que el cuerpo no digiere ninguna de las dos. Por tanto, ayuda a mantener la regularidad intestinal y combate la diabetes de tipo 2. La fécula también mantiene a raya el apetito, por lo que el plátano es un buen aliado para perder peso. Esta fruta ejerce un efecto prebiótico que facilita la absorción de calcio, que es esencial para los huesos. Se trata de la fruta que contiene más potasio, un mineral que regula la función coronaria, el equilibrio hídrico y la tensión arterial. Un plátano mediano contiene aproximadamente una cuarta parte de la dosis diaria recomendada de vitamina B6, que regula el sistema nervioso y evita la fatiga. Los plátanos también contienen vitamina C.

- La fécula resistente combate la diabetes de tipo 2 y mantiene a raya el apetito.
- La vitamina B6 alivia la fatiga y regula el sistema nervioso.
- El elevado contenido de potasio regula la tensión arterial.

¿SABÍA QUE...?

El plátano macho pertenece a la misma familia que el plátano común pero es menos dulce y tierno, por ello suele cocinarse. Aunque comparte casi todos los nutrientes con el plátano normal, es mucho más rico en caroteno.

VALOR NUTRICIONAL DE UN PLÁTANO MEDIANO

Kilocalorías	89
Grasas	0,3 g
Proteínas	1 g
Hidratos de carbono	23 g
Fibra	2,6 g
Vitamina C	8,7 mg
Vitamina B6	0,37 mg
Ácido fólico	20 mcg
Hierro	0,31 mg
Potasio	358 mg
Magnesio	27 mg

Consejos prácticos:

Contienen más fécula resistente antes de madurar, aunque si están maduros son más fáciles de digerir porque transforman buena parte de la fécula en azúcar. Si se refrigeran no pierden el color, aunque el proceso de maduración podría verse afectado.

Bollitos de naranja y plátano

12 UNIDADES

aceite de girasol, para untar

100 g de harina con levadura,
    y un poco más para espolvorear

200 g de harina integral
    con levadura

1 cucharadita de levadura en polvo

½ cucharadita de canela molida

75 g de mantequilla sin sal
    en dados y fría

50 g de azúcar demerara

150 ml de leche, y un poco más
    para pintar

1 plátano (banana) pequeño pelado
    y chafado

la ralladura fina de 1 naranja

150 g de frambuesas un poco
    chafadas

Preparación

1 Precaliente el horno a 200 °C. Unte la bandeja del horno con un poco de aceite.

2 Ponga los dos tipos de harina, la levadura y la canela en un bol e incorpore la mantequilla con los dedos hasta obtener una consistencia como de pan rallado. Incorpore el azúcar. Haga un hoyo en el centro y eche la leche. Añada el plátano y la ralladura de naranja y trabaje los ingredientes hasta obtener una masa homogénea más bien húmeda.

3 Vuélquela sobre la encimera espolvoreada con un poco de harina y, añadiendo un poco más de harina si fuera necesario, extiéndala en una lámina de 2 cm de grosor. Con un cortapastas de 6 cm de diámetro, córtela en 12 redondeles, juntando y amasando los recortes si fuera necesario, y póngalos en la bandeja. Pinte los bollos con leche y cuézalos en el horno precalentado de 10 a 12 minutos.

4 Sáquelos del horno y déjelos enfriar un poco. Pártalos por la mitad y rellénelos con las frambuesas.

05 AGUACATES

El aguacate contiene nutrientes beneficiosos para la mediana edad, como vitamina E y grasas monoinsaturadas para el corazón y vitamina K para los huesos.

El aguacate es muy rico en grasa y, por tanto, muy calórico. Sin embargo, dos tercios de esta grasa es monoinsaturada, rica en ácido oleico, una sustancia que previene el cáncer de mama. También reduce el colesterol «malo», aumenta el colesterol «bueno» y protege el corazón. Es rico en vitamina E, que neutraliza los sofocos y es esencial para el corazón, la piel y el sistema inmunológico. El aguacate también contiene cinc, un antioxidante; magnesio para proteger los huesos, los nervios, la vitalidad y el corazón, y glutatión, un antioxidante que previene algunos tipos de cáncer. Es sorprendentemente rico en vitamina C y potasio, además de contener vitamina B6, que regula el equilibrio hormonal, calma los nervios y aumenta la vitalidad.

- La vitamina E controla los sofocos, refuerza el sistema inmunológico, mantiene la piel sana y previene cardiopatías.
- La grasa monoinsaturada reduce el colesterol.
- El magnesio y la vitamina K protegen los huesos.

Consejos prácticos:
Los aguacates están listos para comer cuando ceden un poco al presionarlos con el pulgar. Para que la pulpa no se oxide, frote la parte cortada con zumo de limón o vinagre.

¿SABÍA QUE...?
El aguacate es un árbol originario de México. Es una fruta, no una hortaliza.

VALOR NUTRICIONAL DE UN AGUACATE MEDIANO

Kilocalorías	227
Grasas	21 g
Proteínas	2,6 g
Hidratos de carbono	12 g
Fibra	9,2 g
Vitamina C	12 mg
Magnesio	37 mg
Potasio	690 mg
Cinc	0,9 mg
Vitamina B6	0,39 mg
Vitamina E	3 mg
Vitamina K	28 ug

Ensalada de pollo y aguacate

PARA 4

*125 g hojas variadas para
ensalada, como remolacha
(betarraga), endibia y achicoria
roja*

*400 g de pollo cocido, sin piel ni
huesos y desmenuzado en tiras*

2 mandarinas en gajos

2 ramas de apio en rodajitas

*½ cebolla roja cortada por la mitad
y en rodajas finas*

2 cucharadas de cebollino picado

2 aguacates (paltas)

*pipas de girasol tostadas,
para adornar*

*pan de pita integral,
para acompañar*

Aliño

*125 ml de aceite de oliva virgen
extra*

*3 cucharadas de vinagre de vino
blanco*

½ cucharadita de mostaza de Dijon

Preparación

1 Para preparar el aliño, ponga todos los ingredientes en un tarro
con tapa de rosca y agítelo bien.

2 Ponga las hojas de ensalada en un bol, aderécelas con un tercio
del aliño y remueva con suavidad. Añada el pollo, la mandarina,
el apio, la cebolla, el cebollino y el resto del aliño y mézclelo bien.

3 Parta los aguacates por la mitad, deshuéselos y pélelos. Córtelos
en láminas finas e incorpórelas a la ensalada de manera que se
impregnen bien de aliño para que no se oxiden.

4 Reparta la ensalada en platos, esparza las pipas de girasol por
encima y sírvala enseguida con pan de pita integral.

06 CEREZAS

Las cerezas son una excelente fuente de antioxidantes, que nos protegen en la mediana edad y previenen enfermedades. Asimismo, regulan el funcionamiento del sistema digestivo.

La principal ventaja nutricional de esta fruta dulce de hueso es su abundancia en compuestos vegetales que previenen el envejecimiento prematuro y las enfermedades. Poseen un índice ORAC de 3747 y son ricas en cianidina, una sustancia antiinflamatoria que alivia los síntomas de la artritis, la jaqueca y la gota, además de prevenir cardiopatías y cáncer. Contienen quercetina, un flavonoide, y carotenos, ambos con propiedades anticancerígenas y cardiosaludables. Las cerezas negras y rojas oscuras concentran una mayor cantidad de estos fitonutrientes que las claras o amarillas. Esta fruta ejerce un efecto laxante que limpia el sistema digestivo y, al ser rica en potasio, favorece la eliminación de líquidos. Gracias a su bajo índice glucémico, las cerezas ayudan a mantener la línea, y su fibra soluble regula el nivel de colesterol «malo».

- Una de las frutas más ricas en antioxidantes, que combaten los signos de envejecimiento y las enfermedades asociadas a la edad.
- La cianidina alivia la artritis y las enfermedades inflamatorias.
- Un buen aliado para el sistema digestivo y la línea.

¿SABÍA QUE...?

Las guindas, que son más ácidas que las cerezas, suelen ser más ricas en vitaminas y minerales. Aun así, como precisan cocción pierden la vitamina C.

Consejos prácticos:
Refrigere las cerezas para que se mantengan frescas y conserven toda su vitamina C. Si tienen la piel satinada significa que están frescas. Las cerezas más oscuras concentran más antioxidantes.

VALOR NUTRICIONAL DE 100 G DE CEREZAS

Kilocalorías	63
Grasas	Trazas
Proteínas	1 g
Hidratos de carbono	16 g
Fibra	2,1 g
Vitamina C	7 mg
Potasio	222 mg

Cerezas con yogur

PARA 2

150 g de fresas (frutillas)
sin el rabillo
1-2 cucharaditas de miel fluida,
o al gusto
1 cucharadita de semillas o esencia
de vainilla
200 g de yogur con bífidus
175 g de cerezas partidas por la
mitad y sin el hueso (carozo)
40 g de avellanas troceadas

Preparación

1 Triture las fresas en el robot de cocina o la batidora hasta obtener un puré homogéneo. Páselo a un bol e incorpore la miel y la vainilla. Mézclelo con suavidad el puré de fresa y vainilla con el yogur.

2 Reparta las cerezas entre dos copas de helado y añada el yogur. Esparza las avellanas por encima y sírvalo.

07

ARÁNDANOS ROJOS

Estos frutos rojos concentran un cóctel de fitonutrientes que mejoran el estado de salud en la menopausia. Además, son una buena fuente de vitaminas esenciales.

Contienen al menos cinco categorías de compuestos saludables: fenoles, flavonoides, terpenoides, antocianinas y proantocianinas. Estas joyas nutricionales tienen propiedades antioxidantes, antienvejecimiento y antiinflamatorias, por lo que los arándanos previenen algunos tipos de cáncer, como el de mama, estómago y colon. Asimismo, son cardiosaludables por su contenido en pterostilbeno, un compuesto que inhibe la oxidación del colesterol «malo» y mantiene las arterias sanas. Las antocianinas previenen la degeneración de la vista. Los arándanos protegen de las infecciones del tracto urinario, a las que son propensas muchas mujeres de mediana edad. Son una fuente de vitamina C, que aumenta el rendimiento mental y el estado anímico; de vitamina E, que mejora el estado de la piel y reduce los sofocos, y de fibra.

- Previenen algunos tipos de cáncer y enfermedades asociadas a la edad.
- Mantienen sanas las arterias y mejoran el equilibrio de las grasas «buenas» y «malas» del riego sanguíneo.
- Ricos en vitamina A, que mejora la piel y reduce los sofocos.

Consejos prácticos:

Los arándanos rojos frescos enteros tienen más propiedades saludables que cuando se secan o licúan. Compruebe que tienen la piel suave y brillante; una piel arrugada no es síntoma de frescura.

¿SABÍA QUE...?

Las personas que tomen warfarina deben evitar los arándanos enteros o en zumo, ya que podrían potenciar la acción de este anticoagulante con efectos potencialmente graves.

VALOR NUTRICIONAL DE 100 G DE ARÁNDANOS ROJOS

Kilocalorías	46
Grasas	Trazas
Proteínas	0,4 g
Hidratos de carbono	12,2 g
Fibra	4,6 g
Vitamina C	13 g
Vitamina E	1,2 mg

Batido de arándanos y naranja

PARA 1-2

1 naranja
55 g de arándanos rojos
1 plátano (banana)
100 g de yogur
piel de naranja en juliana,
para adornar

Preparación

1 Pele la naranja, dejando parte de la membrana blanca.

2 Triture la naranja y los arándanos en el robot de cocina o la batidora hasta obtener un puré homogéneo. Añada el plátano pelado y el yogur, y bátalo hasta obtener un puré homogéneo.

3 Vierta el batido en vasos, adórnelo con piel de naranja en juliana y sírvalo.

08 HIGOS

Las vitaminas y los minerales de los higos aumentan la vitalidad y alivian síntomas de la menopausia como la retención de líquidos y el insomnio.

VALOR NUTRICIONAL DE 80 G DE HIGOS FRESCOS

Kilocalorías	59
Grasas	Trazas
Proteínas	0,5 g
Hidratos de carbono	15 g
Fibra	2,3 g
Potasio	186 mg
Calcio	28 mg
Magnesio	11 mg
Hierro	0,3 mg

VALOR NUTRICIONAL DE 25 G DE HIGOS SECOS

Kilocalorías	62
Grasas	Trazas
Proteínas	0,8 g
Hidratos de carbono	16 g
Fibra	2,5 g
Potasio	170 mg
Calcio	41 mg
Magnesio	17 mg
Hierro	0,5 mg

Al ser una fruta muy perecedera y delicada, los higos no solo se consumen frescos sino también secos. Tanto frescos como secos son nutritivos, con un sinfín de vitaminas y minerales que mitigan los síntomas de la menopausia. Además, poseen un contenido de fibra bueno, frescos, o excelente, secos. Buena parte de la fibra es soluble, lo que reduce el colesterol «malo» y previene cardiopatías. Este efecto se potencia gracias a sus esteroles vegetales. Por su alto contenido en fibra, los higos suelen recomendarse en caso de estreñimiento. Los higos secos concentran mucho hierro, y su consumo habitual favorece la memoria y la concentración y aumenta la vitalidad. Además, si se toma un puñado antes de ir a la cama disfrutará de un sueño reparador.

- La fibra soluble y los esteroles reducen el colesterol.
- El potasio previene la retención de líquidos.
- Los higos secos son muy ricos en hierro, que es bueno para la sangre y aporta energía.
- Los higos secos contienen calcio, necesario para los huesos.

Consejos prácticos:
Consuma los higos frescos el mismo día en que los compre porque se deterioran enseguida. Refrigérelos hasta que vaya a consumirlos. La piel de algunas variedades es comestible, aunque debe limpiarse con un paño húmedo.

Macedonia de higos y sandía

PARA 4

1 sandía de unos 1,5 kg
115 g de uvas negras sin pepitas
4 higos

Aliño
la ralladura de 1 lima (limón)
la ralladura y el zumo (jugo)
*   de 1 naranja*
1 cucharadita de jarabe de arce
2 cucharaditas de miel fluida

Preparación

1 Parta la sandía en cuartos y quítele las pepitas. Deseche la corteza y corte la sandía en dados de 2,5 cm. Póngalos en un bol con las uvas. Parta los higos a lo largo en 8 gajos y échelos en el bol.

2 Para preparar el aliño, mezcle en un cazo la ralladura de lima con la ralladura y el zumo de naranja, el jarabe de arce y la miel. Llévelo despacio a ebullición. Vierta el jarabe sobre la fruta y remueva. Déjelo enfriar. Mézclelo de nuevo y refrigérelo al menos 1 hora, removiendo de vez en cuando.

3 Reparta la macedonia entre 4 boles y sírvala.

09 POMELO

El pomelo es muy rico en vitamina C y carotenos. Estos valiosos nutrientes refuerzan el sistema inmunológico, son cardiosaludables y previenen el cáncer.

Un pomelo supera la dosis diaria recomendada de vitamina C, un potente antioxidante que frena el avance de la artritis y previene cardiopatías y arteriosclerosis, afecciones más habituales tras la menopausia. La vitamina C también mejora el estado anímico, la memoria y la concentración. Los bioflavonoides potencian los efectos de la vitamina C, mientras que la naringenina, un fitonutriente, reduce el colesterol «malo». Los pomelos de pulpa rosa son ricos en licopeno, el pigmento que previene el cáncer y el envejecimiento prematuro de las células. La pulpa y las pepitas contienen glucaratos, unos compuestos que previenen el cáncer de mama. Por si fuera poco, el pomelo tiene un bajo índice glucémico, contiene mucha pectina para controlar el apetito y es muy bajo en calorías, por lo que resulta ideal para mantener la línea.

- Rico en vitamina C, que previene enfermedades asociadas a la edad y refuerza el estado anímico y la memoria.
- Los fitonutrientes son cardiosaludables y previenen el cáncer.
- Ideal para mantener la línea.

Consejos prácticos:
La membrana blanca es rica en compuestos beneficiosos.
Un pomelo maduro contiene la máxima cantidad de antioxidantes.
Elija los que pesen, de este modo se asegurará que sean jugosos.

¿SABÍA QUE...?

El zumo de pomelo puede alterar el efecto de algunos medicamentos, incluidos los que bajan la tensión arterial, por lo que deberá consultar con su médico si puede tomar la fruta o el zumo.

VALOR NUTRICIONAL DE MEDIO POMELO ROSA MEDIANO

Kilocalorías	30
Grasas	Trazas
Proteínas	0,5 g
Hidratos de carbono	7,5 g
Fibra	1,1 g
Vitamina C	37 mg
Ácido fólico	9 mcg
Potasio	127 mg
Calcio	15 mg
Betacaroteno	770 mcg

Pomelos gratinados

PARA 4

2 pomelos rojos o rosas de unos
450 g
25 g de azúcar demerara
2 maracuyás maduros
o 2 cucharadas de agua
de azahar (opcional)

Preparación

1 Precaliente el gratinador a temperatura media y forre la rejilla del horno con papel de aluminio. Parta los pomelos por la mitad y, con un cuchillo para cítricos o un cuchillo pequeño con la punta afilada, separe los gajos con cuidado y retire la membrana blanca del centro. Con cuidado, desprenda los gajos por la base para que sea más fácil sacarlos una vez asados.

2 Ponga los pomelos en la rejilla y esparza el azúcar por encima. Gratínelos 5 minutos, o hasta que el azúcar se derrita.

3 Si lo desea, parta los maracuyás por la mitad, retíreles la pulpa y las pepitas y repártalas sobre los pomelos. Si lo prefiere, rocíelos con el agua de azahar. Sirva medio pomelo por persona aún caliente.

10 ARÁNDANOS

La popularidad de estas bayas moradas no deja de aumentar a medida que se descubren sus numerosas propiedades.

Los arándanos, una de las frutas con un mayor índice ORAC, son extremadamente ricos en antioxidantes. Estas sustancias previenen las enfermedades asociadas a la edad y a la degeneración que esta conlleva. Uno de sus principales antioxidantes es el pterostilbeno, que ejerce un efecto equiparable al de los medicamentos para bajar el colesterol, además de prevenir la diabetes de tipo 2 propia de la mediana edad. Otro es el grupo de las antocianinas, que previenen cardiopatías y la pérdida de memoria. Los polifenoles de los arándanos incluso destruyen las células grasas y evitan la formación de nuevas, por lo que ayudan a mantener la línea. Asimismo, son una buena fuente de fibra para regular la función intestinal y muy ricos en vitamina C.

- Ayudan a mantener la línea y regulan la función intestinal.
- Contienen pterostilbeno, un compuesto que reduce el colesterol.
- Previenen enfermedades graves, como cardiopatías y diabetes.
- Mejoran la memoria y la actividad cerebral.

Consejos prácticos:

Los arándanos son bastante dulces como para comerlos al natural y aprovechar toda su vitamina C. Pruebe a añadir un puñado a los cereales del desayuno o el yogur. Incluso congelados conservan casi todos los nutrientes.

¿SABÍA QUE...?

Los arándanos silvestres contienen más antioxidantes que los cultivados, aunque todas las variedades con ricas en fitonutrientes.

VALOR NUTRICIONAL DE 50 G DE ARÁNDANOS

Kilocalorías	29
Grasas	Trazas
Proteínas	0,4 g
Hidratos de carbono	7,2 g
Fibra	1,2 g
Vitamina C	5 mg
Potasio	39 mg
Hierro	0,7 mg
Vitamina E	2,4 mg

Barritas crujientes de arándanos y miel

PARA 10-12

aceite de girasol, para untar
85 g de harina con levadura
55 g de copos de quinoa
55 g de arroz hinchado
55 g de almendra fileteada
225 g de arándanos
100 g de mantequilla
100 g de miel
1 huevo batido

Preparación

1 Precaliente el horno a 180°C. Unte con aceite un molde rectangular de 28 x 18 cm y forre la base con papel vegetal.

2 Mezcle en un bol la harina, la quinoa, el arroz hinchado, la almendra y los arándanos. Caliente la mantequilla con la miel en un cazo a fuego lento hasta que empiece a derretirse y, después, incorpórela a los ingredientes secos con el huevo.

3 Extienda la pasta en el molde y alísela con una espátula. Cuézala en el horno precalentado de 25 a 30 minutos, hasta que se dore y adquiera consistencia.

4 Deje enfriar la pasta 15 minutos en el molde y, después, córtela en 10 a 12 barritas. Déjelas enfriar del todo en una rejilla metálica.

11

KIWI

La pulpa verde intenso del kiwi contiene numerosos fitonutrientes que contribuyen positivamente a la salud y el bienestar, mientras que las pepitas negras concentran toda la fibra natural de la fruta.

El kiwi es una de las pocas frutas que, al madurar, conservan la pulpa verde. Este color se debe a la clorofila, el fitonutriente responsable de la fotosíntesis. En nuestro organismo, la clorofila se transforma en compuestos anticancerígenos similares a los del té verde. Cuando el kiwi se toma con alimentos que contienen nitratos, como el beicon y la carne curada, bloquea la formación de nitrosamina, que se relaciona con algunos tipos de cáncer como el de mama. Gracias a su contenido en vitamina C, se ha demostrado que su consumo habitual reduce el riesgo de cardiopatías y arteriosclerosis. El kiwi es rico en fibra, que protege el sistema digestivo y favorece la regularidad intestinal, y potasio, que combate la hipertensión. Asimismo, contiene buenos niveles de ácido fólico para el corazón, calcio para los huesos, vitamina E para la piel, y luteína y zeaxantina para la vista.

¿SABÍA QUE...?

La actinidina del kiwi no solo ablanda, sino que también evita que la gelatina cuaje y corta la leche y la nata. Por este motivo la fruta y su zumo no se utilizan en jaleas ni postres con leche.

VALOR NUTRICIONAL DE UN KIWI MEDIANO

Kilocalorías	42
Grasas	0,3 g
Proteínas	0,8 g
Hidratos de carbono	10 g
Fibra	2,1 g
Vitamina C	64 mg
Vitamina E	1 mg
Ácido fólico	17 mcg
Potasio	215 mg
Calcio	23 mg
Luteína/Zeaxantina	84 mg

- La clorofila previene algunos tipos de cáncer.
- La vitamina C previene cardiopatías.
- Rico en fibra, necesaria para el buen funcionamiento del sistema digestivo.
- Vitamina E, que rejuvenece la piel.

Consejos prácticos:

No trocee el kiwi hasta que vaya a comerlo, ya que enseguida pierde la vitamina C. Contiene actinidina, una sustancia que ablanda la carne, por lo que puede utilizarse como un ingrediente más del adobo.

Zumo de kiwi

PARA 1-2

1 kiwi

1 manzana

115 g de uvas blancas sin pepitas

Preparación

1 Triture todos los ingredientes en el robot de cocina o la batidora hasta obtener un puré homogéneo.

2 Reparta el zumo en vasos y sírvalo con o sin hielo.

12 UVAS

Las uvas contienen varios polifenoles con propiedades antioxidantes. Estos fitonutrientes previenen cardiopatías, cáncer de mama y alzhéimer.

Las uvas negras son la elección más saludable en la mediana edad. La piel de las uvas más oscuras contiene resveratrol, un compuesto con grandes propiedades antioxidantes que combate cardiopatías y retrasa los signos del envejecimiento. Mejoran el riego sanguíneo cerebral en un 30% y podrían prevenir el alzhéimer. Estudios científicos han demostrado que el pterostilbeno, un derivado del resveratrol, destruye células del cáncer de mama. Las uvas también combaten la diabetes, ya que regulan la cantidad de glucosa en la sangre. Tanto la piel de las uvas más oscuras como las pepitas contienen quercetina, un flavonoide con propiedades antioxidantes que aumenta la vitalidad, y antocianina, otro compuesto que combate enfermedades. La piel también concentra saponinas, que evitan la absorción de colesterol, y taninos, que previenen enfermedades.

- Ricas en varios antioxidantes que previenen el cáncer y refuerzan el sistema cardiovascular.
- El resveratrol favorece el rendimiento mental y podría prevenir el alzhéimer.
- El pterostilbeno destruye las células del cáncer de mama y previene la diabetes.
- La quercetina regula el colesterol.

Consejos prácticos:

Refrigere las uvas. Si no son ecológicas, lávelas bien para eliminar los restos de pesticidas y no las corte hasta el último momento.

¿SABÍA QUE...?

En un estudio científico del poder antioxidante de varios zumos de fruta envasados, el de uva negra de la variedad Concord quedó en primer lugar y el de uva blanca, en último.

VALOR NUTRICIONAL DE 100 G DE UVAS

Kilocalorías	70
Grasas	Trazas
Proteínas	0,7 g
Hidratos de carbono	18 g
Fibra	0,9 g
Vitamina C	10,8 mg
Potasio	191 mg

Batido de uva y fresa

PARA 1

200 g de fresas sin el rabillo

115 g de uvas negras sin pepitas

125 ml de zumo (jugo) de arándanos rojos o negros frío

1 racimo pequeño de uvas negras, para adornar

Preparación

1 Si las fresas son grandes, pártalas por la mitad y, si lo desea, pele las uvas. Triture las fresas y las uvas en el robot de cocina o la batidora hasta obtener un puré homogéneo.

2 Vierta el batido en un vaso, adórnelo con las uvas y sírvalo enseguida.

13 LIMONES

Si bien no resulta nada fácil comerse un limón entero, merece la pena incluir este cítrico en la dieta. El limón es una excelente fuente de vitamina C y contiene varios fitonutrientes beneficiosos.

El limoneno de la piel de limón es un aceite antioxidante que podría prevenir el cáncer de mama y reducir el colesterol «malo». La rutina, que también se encuentra en la piel y la membrana blanca de la fruta, fortalece las venas y previene las varices y las arañas vasculares, dos problemas habituales en la menopausia. El ácido cítrico del zumo ralentiza la absorción de hidratos de carbono en el sistema digestivo, por lo que potencia la sensación de saciedad. El alto contenido de pectina ejerce un efecto similar. Además, la vitamina C y los compuestos del limón producen carnitina, un aminoácido que hace que el organismo queme grasas más deprisa y se acelere el metabolismo.

- El limoneno previene el cáncer de mama y reduce el colesterol.
- La rutina fortalece las venas y previene la retención de líquidos.
- El ácido cítrico y la pectina ralentizan la absorción de hidratos de carbono y crean sensación de saciedad.
- Hacen que el organismo queme grasa más deprisa.

Consejos prácticos:
Para aprovechar todo el zumo de un limón, caliéntelo 10 segundos en el microondas antes de cortarlo y exprimirlo. Si utiliza la piel de limones que no sean ecológicos, lávelos bien. Pruebe a aliñar las ensaladas con zumo de limón en lugar de vinagre o añádalo a los adobos para ablandar la carne.

¿SABÍA QUE...?

Los limones muy maduros y de color amarillo fuerte contienen casi el doble de antioxidantes. Guárdelos a temperatura ambiente para que maduren, así aprovechará todas sus propiedades.

VALOR NUTRICIONAL DE UN LIMÓN MEDIANO

Kilocalorías	17
Grasas	Trazas
Proteínas	0,6 g
Hidratos de carbono	5,4 g
Fibra	1,6 g
Vitamina C	31 mg
Potasio	80 mg

Pollo al ajillo con limón

PARA 6-8

*4 pechugas grandes de pollo
deshuesadas y sin piel*

*5 cucharadas de aceite de oliva
virgen extra*

1 cebolla picada

6 dientes de ajo picados

*la ralladura de 1 limón, la piel de
otro mondada bien fina y el
zumo (jugo) de ambos limones*

4 cucharadas de perejil picado

sal y pimienta

*gajos de limón y pan,
para acompanar*

Preparación

1 Corte las pechugas a lo ancho en filetes muy finos con un cuchillo afilado. Caliente el aceite en una sartén grande de base gruesa y sofría la cebolla 5 minutos, o hasta que se ablande pero sin que llegue a dorarse. Incorpore el ajo y sofríalo todo 30 segundos.

2 Añada el pollo y rehóguelo a fuego lento de 5 a 10 minutos, removiendo de vez en cuando, hasta que todos los ingredientes empiecen a dorarse y el pollo esté tierno.

3 Agregue la ralladura y el zumo de limón y deje que borbotee. Con una cuchara de madera, desglase el jugo de la cocción. Aparte la sartén del fuego, incorpore el perejil y salpimiente.

4 Páselo a una fuente y esparza la piel de limón cortada en juliana por encima. Sírvalo con gajos de limón para rociar el pollo y con pan para mojar en la salsa.

14 MANGOS

El mango, dulce y jugoso, es una de las frutas que contiene más vitaminas y carotenos. También es rico en fibra y contiene un bajo índice glucémico.

El mango es rico en betacaroteno, un antioxidante que previene algunos tipos de cáncer, como el de mama, y cardiopatías. También es rico en vitamina C, un poderoso antioxidante que combate el bajo estado anímico habitual en la menopausia. En cuanto a la fibra, parte de la cual es pectina soluble, reduce el colesterol y refuerza el sistema digestivo. Asimismo, es una buena fuente de potasio, que modera la hipertensión. El aporte significativo de vitamina E repercute en una piel sana y tersa y previene los sofocos. Dado su índice glucémico medio-bajo, el mango es una opción excelente para mantener la línea. También contiene enzimas similares a las de la papaya, que facilitan la digestión.

- Contienen carotenos y muchos otros antioxidantes que previenen cardiopatías y cáncer.
- Ricos en vitamina C, que mejora el estado anímico.
- La pectina reduce el colesterol «malo».
- Ricos en potasio, que regula la tensión arterial.

Consejos prácticos:
Los carotenos se absorben mejor si el mango se come con un poco de grasa, por ejemplo como ingrediente de una ensalada aliñada con aceite. Sírvalo con carne roja u otras fuentes de hierro, de esta forma la vitamina C del mango facilitará su absorción.

¿SABÍA QUE...?
El mango es una de las frutas más apreciadas en todo el mundo. Es originario de Asia, donde se cultiva desde hace más de 4000 años.

VALOR NUTRICIONAL DE MEDIO MANGO MEDIANO

Kilocalorías	101
Grasas	0,6 g
Proteínas	1,4 g
Hidratos de carbono	25 g
Fibra	2,7 g
Vitamina C	61 mg
Vitamina E	1,5 mg
Ácido fólico	72 mcg
Betacaroteno	1075 mcg
Potasio	282 mg
Magnesio	12 mg

Ensalada de gambas y mango

PARA 4

2 mangos

225 g de gambas (camarones)
   cocidas y peladas

4 gambas (camarones) cocidas,
   para adornar

hojas para ensalada,
   para acompañar

Aliño

el jugo de los mangos

6 cucharadas de yogur

2 cucharadas de mayonesa

1 cucharada de zumo (jugo)
   de limón

sal y pimienta

Preparación

1 Trabajando todo el rato sobre un bol para recoger el jugo, parta el mango en dos mitades cortando a ras del hueso. Sin romper la piel, corte la pulpa de ambas mitades en dados y, después, empuje por la parte de la piel para separar la pulpa. Con un cuchillo afilado, separe los dados que no se hayan desprendido y lo que pueda haber quedado adherido al hueso. Reserve el jugo en el bol y la pulpa, en otro. Mezcle las gambas con el mango.

2 Para preparar el aliño, mezcle el jugo de mango con el yogur, la mayonesa, el zumo de limón, sal y pimienta y remueva.

3 Disponga las hojas de ensalada en una fuente y añada las gambas y el mango. Alíñelo y sírvalo enseguida adornado con las gambas cocidas.

15 RUIBARBO

El ruibarbo se revela como la panacea para muchos de los síntomas de la menopausia. Laxante y diurético, previene la resistencia a la insulina, la diabetes y la tendencia a engordar.

Se ha demostrado que el extracto de ruibarbo, tomado en forma de pastillas, reduce significativamente la frecuencia y la intensidad de los sofocos en la perimenopausia. Según los estudios, atenúa otros síntomas, como el insomnio, la mala calidad del sueño, los cambios de humor y la sequedad vaginal, aunque a día de hoy no se ha descubierto cómo actúa con exactitud. Otras de sus propiedades es que combate el colesterol del organismo y reduce el riesgo de arteriosclerosis y apoplejía. Al ser rico en potasio y bajo en sodio, regula la hipertensión, mientras que al contener pocas calorías y grasa y mucha fibra es un buen aliado para evitar el aumento de peso. También contiene vitamina K, que previene la diabetes de tipo 2. Esta vitamina, unida al calcio del ruibarbo, también mantiene los huesos fuertes.

- Reduce la frecuencia y la intensidad de los sofocos y otros síntomas de la perimenopausia.
- La vitamina K previene la resistencia a la insulina y la diabetes.
- Reduce el colesterol y la tensión arterial.

Consejos prácticos:
El ruibarbo se escalfa o se cuece con un poco de agua, ya que crudo es demasiado ácido y duro. Si le añade canela durante la cocción necesitará endulzarlo con menos cantidad de azúcar o miel.

¿SABÍA QUE...?

La hoja del ruibarbo es tóxica y contiene abundante ácido oxálico, que impide que el organismo absorba los minerales. Los tallos son completamente seguros, pero es mejor evitar la parte que está en contacto con la hoja.

VALOR NUTRICIONAL DE 100 G DE RUIBARBO

Kilocalorías	21
Grasas	0,2 g
Proteínas	0,9 g
Hidratos de carbono	4,5 g
Fibra	1,8 g
Vitamina C	8 mg
Vitamina K	29 mcg
Potasio	288 mg
Calcio	86 mg

Pastel de ruibarbo

PARA 6 Ⓒ Ⓐ

700 g de ruibarbo limpio
y en dados de 3 cm

60 g de azúcar mascabado

la ralladura y los gajos de 1 naranja

25 g de pan rallado

60 g de almendra fileteada

¼ de cucharadita de nuez
moscada rallada

6 láminas de pasta filo

35 g de mantequilla derretida

azúcar glas (impalpable),
para espolvorear

nata (crema) fresca espesa o
yogur griego, para acompañar
(opcional)

Preparación

1 Precaliente el horno a 200 °C.

2 Ponga el ruibarbo en una fuente para el horno y espolvoréelo con la mitad del azúcar. Áselo 20 minutos, removiéndolo a mitad de la cocción. Escúrralo, reservando el jugo, y déjelo enfriar un poco.

3 Ponga la ralladura y los gajos de naranja en un bol con el ruibarbo, el pan rallado, la almendra y la nuez moscada y remueva con suavidad.

4 Extienda una lámina de pasta filo sobre la encimera y píntela con mantequilla derretida. Coloque otra lámina encima y píntela también. Repita la operación con la pasta filo restante. Extienda el relleno de ruibarbo en el centro de las láminas de pasta y espolvoréelo con el azúcar restante. Doble los extremos de la pasta y, empezando por uno de los lados largos, enróllela en forma de brazo de gitano. Píntelo con la mantequilla derretida restante.

5 Baje la temperatura del horno a 190°C. Cueza el pastel unos 30 minutos, hasta que se dore. Sáquelo del horno y espolvoréelo con un poco de azúcar glas.

6 Sírvalo caliente con el jugo de ruibarbo reservado y, si lo desea, nata fresca espesa.

16 MELONES

La pulpa jugosa del melón es rica en vitamina C. Es excelente para rehidratar el organismo y mantener la línea, además de ser rica en potasio, que previene la retención de líquidos.

El melón contiene mucha agua, por ello es tan bajo en calorías e ideal para rehidratar el organismo. Los que tienen la pulpa naranja, como el cantaloupe, son ricos en carotenos, entre cuyas propiedades se cuentan la prevención de cardiopatías, arteriosclerosis y algunos tipos de cáncer como el de mama. La pulpa roja de la sandía es rica en licopeno, otro compuesto anticancerígeno, además de contener citrulina, un aminoácido que facilita el riego sanguíneo de los músculos y la movilidad en edad avanzada. Los melones también son ricos en fibra soluble, que reduce el colesterol y mantiene las arterias en buen estado. Las semillas secas son comestibles. Contienen magnesio, que mantiene el corazón y los huesos sanos y combate eficazmente el insomnio.

- Excelente para deportistas y para mantener la línea.
- El betacaroteno previene enfermedades asociadas a la edad.
- El potasio previene la retención de líquidos y reduce la tensión arterial.
- La fibra beneficia a las arterias y reduce el colesterol «malo».

Consejos prácticos:
Es mejor comprar los melones enteros. Guárdelos a temperatura ambiente y, si le gustan fríos, refrigérelos una hora antes de cortarlos.

¿SABÍA QUE...?

Cuanto más maduro esté el melón, más antioxidantes contendrá. Para averiguar si está en su punto, presiónelo con el pulgar: deberá ceder un poco y desprender su aroma característico.

VALOR NUTRICIONAL DE 100 G DE MELÓN CANTALOUPE

Kilocalorías	**34**
Grasas	**Trazas**
Proteínas	**0,8 g**
Hidratos de carbono	**8 g**
Fibra	**1 g**
Vitamina C	**37 mg**
Potasio	**267 mg**
Betacaroteno	**2020 mcg**

Sorbete de melón

PARA 4

*1 melón maduro pelado,
sin pepitas y troceado*
el zumo (jugo) de 2 limas
4 cucharadas de azúcar de caña
1 clara de huevo un poco batida
*fresas (frutillas) o frambuesas,
para adornar*

Preparación

1 Triture el melón con el zumo de lima en el robot de cocina o la batidora hasta obtener un puré homogéneo. Viértalo en una jarra medidora y añada agua fría hasta obtener 600 ml de líquido.

2 Páselo a un bol y diluya el azúcar. Incorpore la clara de huevo.

3 Póngalo en un recipiente para congelador y congélelo 6 horas.

4 Sirva el sorbete adornado con fresas.

17 NECTARINAS

La nectarina pertenece a la familia del melocotón pero tiene la piel más tersa, la pulpa más jugosa y más vitamina C. Sus antioxidantes son muy beneficiosos tras la menopausia.

Una nectarina contiene la dosis diaria recomendada de vitamina C, imprescindible en la menopausia porque combate la depresión, el desánimo y la falta de memoria y concentración. Esta fruta contiene otros dos antioxidantes que actúan en sinergia con la vitamina C: carotenos, que se transforman en vitamina A en el organismo y mejoran la memoria y la piel y previenen el cáncer, y vitamina E, que combate la piel seca y la sequedad vaginal y previene cardiopatías. También es rica en pectina, la fibra soluble que mejora el equilibrio de lípidos en la sangre y reduce el colesterol «malo». La piel contiene abundante fibra insoluble, por lo que previene el estreñimiento, y la pulpa también es rica en potasio, que actúa como diurético, reduciendo la retención de líquidos y regulando la tensión arterial.

- La vitamina C mejora el estado anímico y la memoria.
- Las vitaminas A y E mejoran la piel y previenen enfermedades.
- Ricas en pectina, que mantiene el sistema circulatorio en buen estado, y fibra insoluble, que previene el estreñimiento.

Consejos prácticos:
La nectarina es una de las mejores frutas para comer crudas, pero tiene que estar madura para disfrutar de su jugoso sabor. Estará en su punto cuando, al presionarla, ceda un poco.

¿SABÍA QUE...?
La nectarina es una fruta de origen antiguo cuyo nombre deriva de la palabra griega «nektar», que significa «la bebida de los dioses».

VALOR NUTRICIONAL DE UNA NECTARINA MEDIANA

Kilocalorías	65
Grasas	0,4 g
Proteínas	1,5 g
Hidratos de carbono	15 g
Fibra	2,4 g
Vitamina C	55 mg
Vitamina E	1 mg
Potasio	285 mg

Ensalada de nectarina, feta y rúcula

PARA 4

100 g de rúcula

*4 nectarinas partidas por la mitad,
sin el hueso (carozo) y en gajos
finos*

*25 g de pipas de calabaza (semillas
de calabaza) tostadas*

*150 g de feta (peso escurrido)
desmenuzado*

Aliño

3 cucharadas de aceite de oliva

el zumo (jugo) de ½ limón

½ cucharadita de miel

*½ cucharadita de mostaza
a la antigua*

Preparación

1 Para preparar el aliño, bata el aceite con el zumo de limón, la miel
y la mostaza en un bol.

2 Ponga en una ensaladera la rúcula, la nectarina, las pipas de
calabaza y el feta.

3 Aliñe la ensalada y mézclela con suavidad. Sírvala enseguida.

18 CIRUELAS

Las ciruelas son ricas en ácido fenólico, un antioxidante que protege el cerebro y el corazón. Además, por su bajo índice glicémico son ideales para mantener la línea.

Cuanto más fuerte y brillante sea el color de la piel y la pulpa de la ciruela, más antioxidantes tendrá. Esta fruta es una buena fuente de ácidos neoclorogénico y clorogénico, dos fenoles que neutralizan los radicales libres que el organismo genera con el paso del tiempo. Los estudios demuestran que estos compuestos regulan el rendimiento mental y el colesterol. Las ciruelas rojas y moradas también son ricas en antocianinas, que previenen cardiopatías, algunos tipos de cáncer como el de mama y varices. Esta fruta contiene un componente aún sin identificar que favorece la absorción de hierro, toda una ventaja teniendo en cuenta que no es fácil asimilarlo y que su carencia puede provocar cansancio y falta de energía e histamina.

- Ricas en fenoles, que van bien para el cerebro y ejercen una potente acción antioxidante.
- Recomendadas para mantener la línea.
- Rica fuente de carotenos, que previenen el cáncer y las enfermedades de la vista.
- Los estudios demuestran que facilitan la absorción de hierro.

Consejos prácticos:
Deje madurar bien las ciruelas a temperatura ambiente, ya que así concentrarán más antioxidantes. También puede escalfarlas con un poco de agua a fuego lento y degustarlas en su jugo para aprovechar todos los nutrientes.

¿SABÍA QUE...?

Existen más de 2000 variedades de ciruelas. Las damascenas, pequeñas y moradas oscuras, son una de las variedades con más antioxidantes.

VALOR NUTRICIONAL DE UNA CIRUELA MEDIANA

Kilocalorías	30
Grasas	Trazas
Proteínas	0,5 g
Hidratos de carbono	7,5 g
Fibra	0,9 g
Vitamina C	6,3 mg
Betacaroteno	125 mcg
Luteína/Zeaxantina	48 mcg
Potasio	104 mg
Hierro	0,4 mg

Batido de ciruela

PARA 2

250 g de ciruelas damascenas
maduras
200 ml de agua
1 cucharada de azúcar de caña
4 cucharadas de yogur congelado
ciruelas damascenas en gajos
y 2 almendrados
desmenuzados, para adornar

Preparación

1 Ponga en un cazo las ciruelas, el agua y el azúcar. Tápelo
herméticamente y cuézalo unos 15 minutos, hasta que las ciruelas
se partan y estén bien tiernas. Deje que se enfríen.

2 Cuele el líquido de cocción en el robot de cocina o la batidora y
añada el yogur congelado. Bátalo hasta obtener un puré homogéneo.

3 Reparta el batido entre 2 vasos y adorne el borde con un gajo de
ciruela cada uno. Esparza los almendrados desmenuzados por
encima y sírvalo.

19 ACEITUNAS

Las aceitunas son una excelente fuente de grasas monoinsaturadas. Contienen numerosos nutrientes con efectos antiinflamatorios, entre otras propiedades.

Las aceitunas, uno de los alimentos de origen más antiguo, son muy apreciadas por su alto contenido en aceite. Este aceite es rico en grasas monoinsaturadas, el 7,5% de las cuales corresponde al saludable ácido oleico. Este ácido graso reduce el colesterol «malo» y previene las enfermedades cardiovasculares. El fruto también es rico en vitamina E, un poderoso antioxidante muy beneficioso durante y después de la menopausia porque mantiene la piel tersa. La vitamina E también reduce la frecuencia y la intensidad de los sofocos. La acción antiinflamatoria de las grasas monoinsaturadas, la vitamina E y los diversos fenoles y flavonoides previene la osteoartritis y la artritis reumatoide, así como el cáncer. Las aceitunas también son ricas en luteína y zeaxantina, que previenen la degeneración de la vista asociada a la edad.

- El ácido oleico baja el colesterol y previene enfermedades cardiovasculares.
- La vitamina E suaviza la piel y controla los sofocos.
- Los antioxidantes previenen la artritis y el cáncer.

Consejos prácticos:
Las aceitunas pueden cortarse en rodajas y añadirse a ensaladas, pizzas y guisos. Cómprelas sin salmuera, sobre todo si padece hipertensión, ya que el contenido en sodio será menor.

¿SABÍA QUE...?
Las aceitunas deben macerarse antes de poder consumirse porque recién cogidas del árbol amargan demasiado.

VALOR NUTRICIONAL DE 40 G DE ACEITUNAS

Kilocalorías	46
Grasas	4,3 g
Proteínas	0,3 g
Hidratos de carbono	2,5 g
Fibra	1,3 g
Vitamina E	0,7 mg
Hierro	1,3 mg
Sodio	294 mg
Calcio	35 mg
Luteína/Zeaxantina	20 mcg

Patatas con aceitunas

PARA 4

*500 g de patatas (papas) nuevas
sin pelar, partidas por la mitad
si son grandes*

*75 g de aceitunas negras o verdes
sin hueso*

*1½ cucharadas de aceite de oliva
virgen extra*

*pescado a la plancha y ensalada
verde, para acompañar*

Preparación

1 Cueza las patatas en una olla con agua hirviendo hasta que estén tiernas y escúrralas.

2 Triture un poco las aceitunas con el aceite en el robot de cocina o la batidora sin que queden deshechas del todo.

3 Con un tenedor, mezcle las aceitunas trituradas con las patatas hervidas mientras las chafa un poco.

4 Sírvalo caliente como guarnición de pescado a la plancha y ensalada verde.

20

CIRUELAS PASAS

Las ciruelas pasas son ricas en azúcares y ácidos. Contienen varios compuestos muy beneficiosos para aliviar los síntomas de la menopausia.

Las ciruelas pasas son una de las frutas con un índice ORAC más elevado, concretamente 8059. Esto se debe en parte a que, al estar secas, contienen poca agua y muchos nutrientes. Entre sus antioxidantes se cuentan fenoles, que regulan el rendimiento mental y el colesterol; ácidos hidroxicinámicos, que reducen el riesgo de cáncer, y carotenos que previenen el cáncer y cardiopatías. Su propiedades prebióticas refuerzan la flora intestinal y, por tanto, el sistema digestivo. Asimismo ejercen un efecto laxante gracias a la dihidroxi-fenil-isatina y el alto contenido en fibra. La fibra de las ciruelas pasas también previene el cáncer de mama después de la menopausia, mientras que la soluble baja el colesterol. Esta variedad de fruta seca es rica en hierro, además de facilitar la absorción de este mineral.

- Ricas en antioxidantes, que previenen las principales enfermedades asociadas a la edad.
- La acción prebiótica refuerza el sistema digestivo.
- La dihidroxi-fenil-isatina ejerce un efecto laxante.
- Facilita la absorción de hierro.

¿SABÍA QUE...?

Aunque las ciruelas pasas forman parte de la dieta mediterránea desde hace mucho, en países como Estados Unidos han empezado a utilizarse como un ingrediente gastronómico más desde hace relativamente poco tiempo.

VALOR NUTRICIONAL DE 50 G DE CIRUELAS PASAS SIN HUESO

Kilocalorías	120
Grasas	Trazas
Proteínas	1 g
Hidratos de carbono	32 g
Fibra	3,5 g
Potasio	366 mg
Hierro	0,5 mg
Betacaroteno	197 ug

Consejos prácticos:

Las ciruelas pasas pueden dejarse en remojo con un poco de agua templada o comerse tal cual. Triture unas ciruelas pasas ablandadas y utilícelas como sustituto de grasas y/o azúcar en pasteles.

Pastelitos de ciruelas pasas y nueces

PARA 12

aceite o mantequilla derretida,
  para untar
200 g de ciruelas pasas sin hueso
  (carozo)
150 ml de zumo (jugo) de manzana
200 g de harina
2 cucharaditas de levadura
  en polvo
175 g de mantequilla sin sal
  ablandada
175 g de azúcar de caña
3 huevos batidos
1 cucharadita de esencia de vainilla
70 g de nueces troceadas

Preparación

1 Precaliente el horno a 160 °C. Unte un molde cuadrado de 19 cm
  con aceite o mantequilla y fórrelo con papel vegetal.

2 Lleve a ebullición las ciruelas con el zumo de manzana, baje el
  fuego y cuézalas de 8 a 10 minutos, hasta que el líquido se
  consuma. Tritúrelas en el robot de cocina o la batidora hasta
  obtener un puré espeso y homogéneo.

3 Tamice la harina y la levadura en un bol grande y añada la
  mantequilla, el azúcar, el huevo y la vainilla. Bátalo hasta obtener
  una pasta homogénea. Reserve 2 cucharadas de las nueces e
  incorpore las restantes a la pasta.

4 Extienda la pasta en el molde y reparta el puré de ciruelas pasas por
  encima. Remuévalo superficialmente con un cuchillo para mezclar la
  pasta y las ciruelas y alíselo con una espátula. Esparza las nueces
  reservadas por encima.

5 Cuézalo en el horno precalentado de 1 hora a 1 hora y 10 minutos,
  o hasta que suba, adquiera consistencia y se dore. Déjelo reposar
  10 minutos y luego desmóldelo en una rejilla metálica para que se
  enfríe del todo. Córtelo en porciones cuadradas y sírvalo.

21 PERAS

La pera es una de las frutas más ricas en fibra, y su bajo índice glucémico la convierte en una excelente aliada para controlar el peso.

La pera es una de las frutas frescas más ricas en fibra. La fibra insoluble de la pulpa y la piel mantiene el buen funcionamiento del sistema digestivo y la regularidad intestinal, mientras que la soluble baja el colesterol «malo». Gracias a esta combinación de fibra, las peras son una buena opción para las mujeres que están a dieta o desean mantenerse en su peso ideal. Son muy recomendables para los diabéticos por la misma razón, y su contenido en fibra podría prevenir el cáncer de mama. Las peras contienen ácidos hidroxicinámicos, unos antioxidantes que favorecen la proliferación de flora intestinal y previenen afecciones digestivas como el síndrome de colon irritable. Asimismo son ricas en vitamina K, que fortalece los huesos y mantiene sanas las arterias con el paso del tiempo, y una excelente fuente de potasio, que previene la retención de líquidos.

- La fibra insoluble regula el sistema digestivo y los intestinos.
- Los ácidos hidroxicinámicos calman el síndrome de colon irritable.
- Ideal para mantener la línea por su bajo índice glicémico.
- La fibra alimentaria previene el cáncer de mama.

Consejos prácticos:
Cuanto más maduras estén las peras, más ricas serán en antioxidantes. A ser posible, no las pele, ya que los antioxidantes se encuentran sobre todo bajo la piel y, además, esta es muy rica en fibra. Guárdelas alejadas de los olores fuertes.

¿SABÍA QUE...?

Las peras son una de las pocas frutas que apenas provocan alergias, por lo que son una buena opción para las mujeres que restringen el consumo de fruta por esta razón.

VALOR NUTRICIONAL DE UNA PERA MEDIANA

Kilocalorías	**60**
Grasas	**Trazas**
Proteínas	**0,5 g**
Hidratos de carbono	**15 g**
Fibra	**3,3 g**
Vitamina C	**9 mg**
Vitamina K	**7 mg**
Potasio	**225 mg**

Ensalada de pera, nueces y queso de cabra

PARA 4

4 peras sin el corazón y en gajos
el zumo (jugo) de ½ limón
75 g de berros
75 g de espinacas tiernas
400 g de queso de cabra en rulo
en rodajas
60 g de nueces en mitades
tostadas

Aliño

1½ cucharadas de aceite de nuez
1½ cucharadas de aceite de oliva
½ cucharadita de mostaza de Dijon
1 cucharada de vinagre de vino
blanco
½ cucharadita de miel

Preparación

1 Para preparar el aliño, bata el aceite de nueces con el de oliva, la mostaza, el vinagre y la miel hasta obtener una emulsión.

2 Ponga la plancha en el fuego hasta que esté bien caliente. Rocíe la pera con el zumo de limón y ásela hasta que empiece a caramelizarse y a quedar marcada con las estrías de la plancha.

3 Reparta los berros y las espinacas entre 4 platos. Añada la pera asada.

4 Gratine el queso de cabra hasta que empiece a derretirse y dorarse.

5 Añada el queso gratinado a la ensalada y adórnela con las nueces. Alíñela y sírvala enseguida.

22 GRANADA

Estudios recientes relacionan el consumo habitual de granada con la reducción del nivel de estrés, la bajada de las pulsaciones y una mejora del estado anímico y energético.

También se ha demostrado que la granada reduce los síntomas de depresión y aumenta la libido. Otros estudios menos rigurosos sugieren que el consumo habitual de zumo de granada reduce la frecuencia y la intensidad de los sofocos, la tendencia a engordar en la menopausia y la tensión arterial. Tanto el zumo como las pepitas contienen más antioxidantes que cualquier otra planta, entre ellos punicalaginas —un tanino—, antocianinas y ácido elágico. Estos poderosos compuestos reducen los signos de envejecimiento, previenen enfermedades cardiovasculares y protegen del cáncer y la diabetes de tipo 2. Gracias a los compuestos similares a los estrógenos de las semillas, la granada también combate la pérdida de densidad ósea que aumenta durante y después de la menopausia.

- Su consumo habitual está relacionado con la mejora del estado anímico, la libido y la vitalidad.
- Podría reducir los sofocos y el estrés.
- Previene la grasa abdominal y el aumento de peso en la menopausia.
- Su abundancia de antioxidantes combate las enfermedades y tienen propiedades antienvejecimiento.

Consejos prácticos:
Parta la granada por la mitad y desgránela. Sirva los granos en macedonias, ensaladas, yogur o con los cereales del desayuno.

¿SABÍA QUE...?
La granada interactúa con determinados medicamentos, como algunos para bajar el colesterol, y potencia su efecto. Si toma medicación, consulte con su médico antes de tomar granada.

VALOR NUTRICIONAL DE 100 G DE GRANOS DE GRANADA

Kilocalorías	83
Grasas	1 g
Proteínas	1,7 g
Hidratos de carbono	18 g
Fibra	4 g
Potasio	236 mg
Vitamina C	10 mg
Ácido fólico	38 mcg

Refresco de granada y maracuyá

PARA 1-2

1 granada
½ naranja pequeña
4 maracuyás
100-125 ml de agua con gas

Preparación

1 Pele la granada y la naranja, dejando la membrana blanca. Retire la pulpa de los maracuyás.

2 Triture la granada con la naranja y la pulpa de 3 maracuyás en el robot de cocina o la batidora hasta obtener un puré homogéneo.

3 Reparta el batido entre unos vasos e incorpore el maracuyá restante. Termine de llenarlos con agua con gas y sírvalo.

23 UVAS PASAS

Estos pequeños frutos arrugados son granos de uva secos. Concentran numerosos nutrientes, por lo que son muy recomendables en la menopausia.

Las uvas pasas son uno de los cincuenta alimentos que aportan más boro a la dieta. Este mineral transforma los estrógenos —cuyos niveles descienden en picado en la menopausia— en su forma más activa. El aumento de estrógenos naturales ejerce un efecto similar al de la píldora anticonceptiva y reduce síntomas como sofocos, sudoración nocturna e irritabilidad. El boro también favorece la absorción de vitamina D, que a su vez permite que el organismo utilice el calcio indispensable para los huesos, por lo tanto combate la osteoporosis. Las uvas pasas son ricas en catequina, un ácido fenólico que previene el cáncer de colon, y fibra, que reduce el colesterol y previene el estreñimiento. Su alto contenido en potasio regula la tensión arterial. Son un buen sustituto de los dulces por su contenido en ácido oleanólico, que evita la caries y previene la proliferación de bacterias perjudiciales que causan gingivitis.

- El boro aumenta la cantidad de estrógenos y favorece que la vitamina D utilice el calcio y fortalezca los huesos.
- Ricas en ácido fenólico, hierro y potasio.
- El ácido oleanólico mejora la salud de los dientes y las encías.

Consejos prácticos:
Las uvas pasas constituyen un aperitivo excelente para llevar. A ser posible, consúmalas ecológicas, ya que estas se secan sin sulfitos, que pueden provocar reacciones alérgicas.

¿SABÍA QUE...?

En la antigua Roma, las uvas pasas adornaban los lugares de culto y se entregaban como premio en las carreras de cuadrigas.

VALOR NUTRICIONAL DE 25 G DE UVAS PASAS

Kilocalorías	75
Grasa	Trazas
Proteínas	0,8 g
Hidratos de carbono	20 g
Fibra	1 g
Potasio	187 mg
Calcio	13 mg
Hierro	0,5 mg
Flúor	58 mcg

Copos de avena con pasas y arándanos

PARA UNOS 650 GRAMOS

*2 cucharadas de aceite vegetal,
  y un poco más para untar*

100 ml de jarabe de arce

3 cucharadas de miel

300 g de copos de avena

*50 g de pipas de calabaza (semillas
  de calabaza)*

30 g de pipas de girasol

*3 cucharadas de semillas
  de sésamo*

100 g de almendra fileteada

30 g de coco rallado

50 g de uvas pasas

50 g de arándanos secos

*fruta fresca y yogur,
  para acompañar*

Preparación

1 Precaliente el horno a 150°C y unte dos bandejas con aceite.

2 Caliente en un cazo a fuego lento el aceite con el jarabe de arce y la miel hasta que se emulsionen. Incorpore los copos de avena, las pipas de calabaza y girasol, las semillas de sésamo y la almendra y remueva bien.

3 Extienda los copos de avena de modo uniforme en las bandejas de horno. Tuéstelos en el horno precalentado 15 minutos y, después, incorpore con suavidad el coco, las pasas y los arándanos. Déjelos de 12 a 15 minutos más en el horno.

4 Saque los copos de avena del horno y vuélquelos sobre una bandeja grande para que se enfríen. Guárdelos en un recipiente hermético.

5 Sírvalos con fruta fresca y yogur.

24 FRAMBUESAS

Las frambuesas contienen un antioxidante que retrasa los signos del envejecimiento y reduce la incidencia de las principales enfermedades asociadas a la edad.

Las frambuesas rojas tienen un elevado índice ORAC. Su impresionante repertorio de antioxidantes incluye las antocianinas, los pigmentos rojos que previenen cardiopatías y cáncer y reducen el riesgo de varices. También son muy ricas en ácido elágico, que protege las células del organismo y retrasa los signos del envejecimiento. Este compuesto también reduce la incidencia de cáncer de mama al minimizar las enzimas que potencian la proliferación de células malignas. Asimismo, las frambuesas son ricas en vitamina C, que favorece la absorción del hierro que contiene la fruta, y coenzima Q-10, una sustancia energética, por lo que aportan mucha vitalidad. Estas bayas exquisitas contienen mucha fibra, tanto pectina, la fibra soluble que reduce el colesterol, como insoluble, que facilita la regularidad intestinal.

- Ricas en antioxidantes, que retrasan los signos del envejecimiento.
- Las antocianinas previenen las varices.
- Contienen mucha vitamina C y fibra, y son una buena fuente de hierro.

Consejos prácticos:
Es mejor comer las frambuesas crudas, ya que la cocción destruye parte de los antioxidantes. Aun así, puede escalfarlas y servirlas en su jugo. Las frambuesas congeladas conservan la vitamina C.

¿SABÍA QUE...?

Aunque la variedad roja es la más conocida, también hay frambuesas blancas, rosas, naranjas y negras. Las más oscuras concentran muchos más antioxidantes.

VALOR NUTRICIONAL DE 100 G DE FRAMBUESAS

Kilocalorías	52
Grasas	0,6 g
Proteínas	1,2 g
Hidratos de carbono	12 g
Fibra	6,5 g
Vitamina C	26 mg
Vitamina B3	0,6 mg
Vitamina E	0,8 mg
Ácido fólico	21 mcg
Potasio	151 mg
Calcio	25 mg
Hierro	0,7 mg
Cinc	0,4 mg

Fruta tropical asada con coulis de frambuesa

PARA 4

2 mangos sin hueso (carozo),
pelados y en 4 mitades
1 piña (ananás) mediana pelada
y en 8 gajos
2 cucharadas de miel fluida

Coulis de frambuesa

300 g de frambuesas
1 cucharada de azúcar glas
(impalpable)
½ cucharadita de zumo (jugo)
de limón

Preparación

1 Para preparar el coulis de frambuesa, triture las frambuesas con el azúcar glas y el zumo de limón en el robot de cocina o la batidora hasta obtener un puré homogéneo. Páselo por un colador y compruebe el dulzor. Según el grado de madurez de las frambuesas puede que deba rectificar de azúcar o zumo de limón.

2 Ponga el mango y la piña en un bol y rocíelos con la miel. Déjelos macerar 20 minutos, dándoles la vuelta de vez en cuando.

3 Caliente la plancha y ase el mango y la piña de 10 a 12 minutos, dándoles la vuelta, hasta que empiecen a caramelizarse. Durante la cocción rocíelos con la miel que haya quedado en el bol.

4 Reparta la fruta asada entre 4 platos. Sírvala enseguida con el coulis de frambuesa.

25 FRESAS

Gracias a su alto contenido de vitamina C, las fresas refuerzan el sistema inmunológico en esta etapa de la vida especialmente delicada.

Las fresas son muy ricas en vitamina C: una ración media contiene la dosis diaria recomendada para un adulto. La vitamina C refuerza el sistema inmunológico, previene cardiopatías y favorece el estado anímico y la memoria. Asimismo, mejora el estado de la piel y las encías, además de facilitar que el organismo absorba el hierro, aproveche la coenzima Q 10 y queme calorías. Las fresas contienen otros antioxidantes en cantidades importantes, como antocianinas y ácido elágico (sobre todo en la capa externa roja), que previenen el cáncer. Estudios recientes demuestran que su consumo habitual reduce el riesgo de diabetes de tipo 2, posiblemente por la presencia de una familia de compuestos vegetales llamados elagitaninos. Además, las fresas son ricas en fibra, que reduce el colesterol; ácido fólico, que refuerza el corazón, y potasio, que previene la retención de líquidos.

- La vitamina C es buena para la piel, la memoria y la vitalidad.
- El ácido elágico y las antocianinas previenen el cáncer.
- Los elagitaninos reducen el riesgo de diabetes de tipo 2.
- La fibra reduce el colesterol «malo».

Consejos prácticos:
Elija fresas de color rojo intenso y brillantes para beneficiarse de la máxima cantidad de nutrientes. Quíteles el rabillo antes de llevárselas a la boca y, si las corta, hágalo en el último momento para no perder la vitamina C.

¿SABÍA QUE...?

La medicina tradicional de todo el mundo recomienda las fresas para curarlo casi todo, desde intoxicaciones etílicas hasta dolor de cabeza y halitosis.

VALOR NUTRICIONAL DE 100 G DE FRESAS

Kilocalorías	32
Grasas	0,3 g
Proteínas	0,7 g
Hidratos de carbono	7,7 g
Fibra	2 g
Vitamina C	59 mg
Potasio	153 mg
Ácido fólico	24 mcg
Luteína/Zeaxantina	26 mcg

Magdalenas de requesón con fresas

PARA 6

75 g de mantequilla sin sal
75 g de copos de avena
25 g de avellanas picadas
225 g de ricota
50 g de azúcar demerara
la ralladura fina de 1 limón
 y el zumo (jugo) de ½ limón
1 huevo, y 1 yema adicional
150 g de requesón
1 kiwi
3 fresas (frutillas) grandes

Preparación

1 Ponga moldes de papel en un molde múltiple para 6 magdalenas.

2 Derrita la mantequilla en un cazo a fuego lento y déjela enfriar. Triture brevemente los copos de avena en el robot de cocina o la batidora para partirlos, páselos a un bol y mézclelos bien con las avellanas y la mantequilla derretida. Repártalos entre los moldes de papel y presiónelos bien. Refrigérelo 30 minutos.

3 Precaliente el horno a 150 °C.

4 Bata la ricota con el azúcar y la ralladura y el zumo de limón en un bol. Añada el huevo, la yema y el requesón y mézclelo bien. Reparta la crema de queso por encima de los copos de avena del molde y cueza las magdalenas en el horno precalentado 30 minutos. Apague el fuego pero déjelas en el horno hasta que se enfríen del todo.

5 Pele el kiwi y córtelo en rodajas. Parta las fresas por la mitad. Retire los moldes de papel de las magdalenas, adórnelas con la fruta fresca y sírvalas.

26 NARANJAS

La naranja es una de las mejores fuentes de vitamina C y compuestos que refuerzan el sistema inmunológico y retrasan los signos del envejecimiento.

La vitamina C no solo previene el daño celular del envejecimiento y las enfermedades, sino que también mejora el estado anímico, la memoria y la piel, mantiene sanas las encías y mejora la absorción de calcio y hierro. Las naranjas también son ricas en pectina, una fibra soluble que regula el colesterol. En cuanto al calcio, imprescindible para los huesos, se asimila mejor gracias al ácido fólico y el potasio que contienen. Asimismo, son una fuente de rutina, un flavonoide que ralentiza o previene la aparición de tumores; nobiletina, un compuesto antiinflamatorio, y naringenina, un flavonoide que reduce el colesterol. Todos estos fitonutrientes potencian las propiedades de la vitamina C más si cabe. Las naranjas sanguinas son muy ricas en antocianinas, unos pigmentos relacionados con la prevención de cáncer.

- Muy ricas en vitamina C, que previene el daño celular causado por las enfermedades y el envejecimiento.
- Contienen numerosos flavonoides que reducen el colesterol.

Consejos prácticos:
Refrigere las naranjas para preservarlas del calor o la luz, de esta manera no perderán la vitamina C. Ingiera parte de la membrana blanca y la piel, además de la pulpa, ya que contienen mucha fibra y fitonutrientes (si se come la piel, lávelas bien o cómprelas ecológicas).

¿SABÍA QUE...?
Cuatro años de estudios demostraron que el consumo diario de una naranja reduce la mortalidad en la mediana edad en un 20%.

VALOR NUTRICIONAL DE UNA NARANJA MEDIANA

Kilocalorías	65
Grasas	Trazas
Proteínas	1 g
Hidratos de carbono	16 g
Fibra	3,4 g
Vitamina C	64 mg
Potasio	238 mg
Calcio	61 mg

Sopa de naranja y pimiento rojo

PARA 4

5 naranjas sanguinas
3 cucharadas de aceite de oliva
1,5 kg de pimientos rojos
   sin pepitas y en tiras
1½ cucharadas de agua de azahar
sal y pimienta
aceite de oliva virgen extra,
   para aliñar (opcional)

Preparación

1 Ralle fina una de las naranjas y corte la piel de otra en tiras finas con un rallador de cítricos. Reserve la ralladura y la piel por separado. Exprima todas las naranjas.

2 Caliente el aceite en una cazuela a fuego medio. Rehogue el pimiento, removiendo de vez en cuando, 10 minutos. Incorpore la ralladura de naranja y prosiga unos minutos con la cocción. Baje el fuego, tape la cazuela y cuézalo a fuego lento, removiendo de vez en cuando, 20 minutos.

3 Apártelo del fuego, déjelo enfriar un poco y, después, tritúrelo en el robot de cocina o la batidora hasta obtener un puré homogéneo. Añada el zumo de naranja y el agua de azahar y tritúrelo de nuevo hasta que quede bien mezclado.

4 Pase la sopa a un bol, salpiméntela y déjela enfriar del todo. Tápela con film transparente y refrigérela 3 horas. Remuévala bien y sírvala adornada con la piel de naranja y, si lo desea, aliñada con un chorrito de aceite de oliva virgen extra.

Verduras y hortalizas

Si bien hay que incluir estos alimentos en la dieta durante toda la vida, resultan especialmente beneficiosos en la menopausia. Una buen selección de verduras y hortalizas de todos los colores —en forma de tubérculos, hojas, tallos o vainas— no solo aportan valiosos compuestos vegetales que neutralizan los síntomas, sino también muchos otros nutrientes.

(L) Ayuda a mantener la línea

(F) Fuente de fibra

(H) Fortalece y protege los huesos

(C) Saludable para el corazón

(A) Mejora el estado anímico

(P) Bueno para la piel

27 REMOLACHA

Rica en compuestos vegetales que protegen nuestra salud, así como en vitaminas y minerales, la remolacha constituye un aporte sabroso y nutritivo a la dieta.

Las betalaínas ejercen una potente acción antioxidante que refuerza el corazón, las arterias y los tejidos, además de prevenir el cáncer. La acción antiinflamatoria de estos compuestos previene enfermedades como la artritis, y su efecto depurativo convierte la remolacha en una buena elección para dietas depurativas o de adelgazamiento. Es muy rica en luteína y zeaxantina, dos carotenos que protegen la vista y previenen enfermedades asociadas a la edad como la degeneración macular. También contiene ácido fólico, la vitamina B que reduce los niveles de homocisteína en la sangre, un aminoácido perjudicial. Asimismo es muy rica en potasio, un diurético natural; es una fuente importante de fibra soluble e insoluble, que protegen el sistema digestivo, y contiene magnesio para fortalecer los huesos y el corazón y hierro para potenciar la vitalidad y el rendimiento mental.

- Las betalaínas aportan numerosos beneficios en la menopausia.
- Depurativa y diurética, ideal para dietas de adelgazamiento.
- Contiene luteína y zeaxantina para proteger la vista.
- Rica en ácido fólico, que reduce los niveles de homocisteína.

Consejos prácticos:
Cueza la remolacha entera, con agua o al vapor. Pélela una vez cocida para que no pierda el saludable jugo rojo. También puede añadirse cruda, troceada o rallada, a ensaladas.

¿SABÍA QUE...?
Las hojas verdes oscuras con nervios morados también son comestibles, cocidas al vapor por ejemplo. Al igual que el tubérculo, son ricas en vitaminas, minerales y carotenos.

VALOR NUTRICIONAL DE 100 G DE REMOLACHA

Kilocalorías	36
Proteínas	1,7 g
Grasas	Trazas
Hidratos de carbono	7,6 g
Fibra	1,9 g
Vitamina C	5 mg
Ácido fólico	150 mcg
Potasio	380 mg
Calcio	20 mg
Hierro	1,0 mg
Magnesio	23 mg

Hummus de remolacha

PARA 4-6

400 g de garbanzos (chícharos)
  cocidos

1 diente de ajo troceado

100 g de remolacha (betarraga)
  cocida

1½ cucharadas de tahín
  (puré de sésamo)

el zumo (jugo) de ½ limón

3 cucharadas de aceite de oliva

sal y pimienta

hortalizas crudas, para acompañar

Preparación

1 Triture los garbanzos, el ajo y la remolacha en el robot de cocina
  o la batidora solo hasta que se deshagan un poco.

2 Añada el tahín y el zumo de limón y tritúrelo de nuevo mientras
  incorpora el aceite hasta que adquiera la consistencia deseada.
  Salpimiente.

3 Sirva el hummus con hortalizas crudas.

28 ESPÁRRAGOS

Los espárragos contienen un sinfín de nutrientes y fitonutrientes que alivian varios síntomas de la menopausia, desde sofocos hasta falta de ánimo.

Los espárragos son una de las pocas hortalizas ricas en vitamina E, que neutraliza los sofocos, además de contener calcio, magnesio y vitamina K para mantener los huesos sanos. También contienen vitaminas del grupo B, que levantan el ánimo y combaten la depresión, así como nutrientes antiinflamatorios cuyo consumo habitual reduce el riesgo de cardiopatías, artritis reumatoide y algunos tipos de cáncer. Gracias a su gran cantidad de fibra, los espárragos están indicados en dietas de adelgazamiento y para mantener a raya la diabetes de tipo 2. Asimismo contienen vitamina C y hierro, que favorecen la concentración, el estado de ánimo y la vitalidad. Son ricos en inulina y un tipo de fibra soluble llamada oligosacárida, dos sustancias prebióticas que estimulan la proliferación de bacterias «beneficiosas» en el intestino.

- Los antioxidantes previenen todo tipo de enfermedades.
- Contiene varias vitaminas, como la E, que mitigan los sofocos.
- Calcio, magnesio y vitamina K para fortalecer los huesos.
- Bajos en calorías para mantener la línea.

Consejos prácticos:
Para disfrutar de su sabor, textura y nutrientes, consúmalos lo más frescos posible. Córtelos a la misma altura y cuézalos, con las yemas hacia arriba, en un poco de agua. Las yemas de los espárragos tiernos pueden comerse crudas.

¿SABÍA QUE...?

En la India y buena parte de Asia los espárragos silvestres son apreciados por sus propiedades medicinales. Se conocen desde hace unos 2000 años, incluso los cultivados.

VALOR NUTRICIONAL DE 100 G DE ESPÁRRAGOS

Kilocalorías	20
Proteínas	2,2 g
Grasas	Trazas
Hidratos de carbono	3,9 g
Fibra	2,1 g
Vitamina C	5,6 g
Vitamina E	1,1 g
Ácido fólico	52 mcg
Vitamina K	41,6 mcg
Potasio	202 mg
Calcio	24 mg
Magnesio	14 mg
Hierro	2 mg

Espárragos con huevos y parmesano

PARA 4

300 g de espárragos trigueros
   limpios
4 huevos grandes
85 g de virutas de parmesano
pimienta

Preparación

1 Lleve agua a ebullición en dos cazuelas. Ponga los espárragos en una de ellas y, cuando el agua rompa de nuevo el hervor, cuézalos 5 minutos, o hasta que empiecen a estar tiernos.

2 Mientras tanto, baje el fuego de la otra cazuela y casque los huevos de uno en uno. Escálfelos 3 minutos, o hasta que las claras empiecen a cuajar pero las yemas sigan estando blandas. Retírelos con una espumadera.

3 Escurra los espárragos y repártalos entre 4 platos. Añada un huevo escalfado en cada uno y esparza el parmesano por encima. Salpimiente y sírvalo enseguida.

PAK CHOI

El pak choi, o col china, es de la misma familia que el brécol y la col rizada, con los que comparte muchos nutrientes que protegen los huesos y previenen enfermedades.

El pak choi es rico en glucosinolatos y otros compuestos que se transforman en indoles en el organismo, ralentizando el avance del cáncer y protegiendo las células de los radicales libres. Es una de las verduras más ricas en calcio, el mineral esencial para reforzar y reparar los huesos durante y después de la menopausia. También contiene una cantidad razonable de vitamina K y magnesio, que junto con el calcio aumentan la densidad ósea. El pak choi es muy rico en vitamina C, hasta el punto de que basta una porción para cubrir las necesidades diarias. La vitamina C favorece la producción de colágeno, la garantía de una piel firme, además de mejorar el estado anímico. Además, contiene muy pocas calorías pero mucha fibra y potasio, por lo que está indicado para perder peso y combatir la retención de líquidos.

- Rico en compuestos vegetales que previenen el cáncer, como los indoles.
- Rico en calcio y buena fuente de vitamina K y magnesio, que refuerza los huesos.
- La vitamina C favorece la producción de colágeno.
- Un buen aliado para mantener la línea.

Consejos prácticos:
Delicioso en salteados o cocido al vapor y acompañado de carne a la plancha. Guárdelo en una bolsa y refrigérelo, pero no lave las hojas hasta el último momento para que no se marchiten.

¿SABÍA QUE...?

En pequeñas dosis, los glucosinolatos del pak choi previenen el cáncer, pero en grandes dosis son tóxicos. El consumo diario de más de 1 kg de pak choi podría alterar el funcionamiento de la glándula tiroides.

VALOR NUTRICIONAL DE 100 G DE PAK CHOI

Kilocalorías	13
Proteínas	1,5 g
Grasas	0,2 g
Hidratos de carbono	2 g
Fibra	1 g
Vitamina C	45 mg
Ácido fólico	66 mcg
Vitamina K	45 mcg
Betacaroteno	2681 mcg
Potasio	252 mg
Calcio	105 mg
Hierro	0,8 mg
Magnesio	19 mg

Salteado de tofu y pak choi

PARA 4

2 cucharadas de aceite de girasol
  o de oliva
350 g de tofu consistente
  (peso escurrido) en dados
225 g de pak choi troceado
1 diente de ajo picado
2 cucharadas de salsa dulce
  de guindilla (chile)
2 cucharadas de salsa clara
  de soja

Preparación

1 Caliente 1 cucharada del aceite en un wok y saltee el tofu, por tandas, 2 o 3 minutos, hasta que se dore. Retírelo y resérvelo.

2 Saltee el pak choi unos segundos, hasta que se ablande. Retírelo y resérvelo.

3 Caliente el aceite restante en el wok y saltee el ajo 30 segundos. Incorpore las salsas de guindilla y de soja y llévelo a ebullición.

4 Devuelva el tofu y el pak choi al wok y saltéelos con suavidad para que se impregnen bien de la salsa. Sírvalo enseguida.

30 APIO

El apio ayuda a mantener la línea durante toda la vida porque contiene muy pocas calorías y resulta muy saciante.

Al ser ricas en fibra y agua, las ramas de apio mantienen el estómago lleno durante mucho tiempo. El apio también es una buena fuente de potasio, un mineral que previene la retención de líquidos y la hinchazón. Además contiene calcio, imprescindible para mantener los huesos en buen estado y regular la tensión arterial. Estudios recientes han demostrado que el apio contiene luteolina, un compuesto que combate la pérdida de memoria asociado a la edad. Los antioxidantes del apio, llamados cumarinas, protegen las células de los radicales libres. Esta acción reduce la probabilidad de que se forme un cáncer en el organismo. Asimismo, el apio contiene poliacetilenos y ftalidos, dos compuestos que previenen afecciones inflamatorias como la artritis, así como la hipertensión.

- Bajo en calorías y rico en fibra para mantener la línea.
- Evita la retención de líquidos.
- Previene la pérdida de memoria y afecciones inflamatorias como la artritis.

Consejos prácticos:
Las ramas crudas cuestan más de digerir que si están cocidas. El apio es ideal para aportar consistencia a los guisos sin añadir calorías de más. Las hojas pueden comerse en ensalada o como guarnición.

¿SABÍA QUE...?
Para que no se marchiten y pierdan textura, no separe las ramas del cogollo hasta el último momento. Si le ha quedado alguna rama suelta, métala en una bolsa de plástico y refrigérela en el cajón de las verduras.

VALOR NUTRICIONAL DE 100 G DE APIO

Kilocalorías	14
Proteínas	0,7 g
Grasas	Trazas
Hidratos de carbono	3 g
Fibra	1,6 g
Vitamina C	3 mg
Ácido fólico	36 mcg
Vitamina K	35 mcg
Potasio	260 mg
Calcio	40 mg
Magnesio	11 mg

Gazpacho picante con guarnición de apio

PARA 2

2 rebanadas gruesas de pan del
día anterior sin la corteza
100 ml de agua, para remojar
500 g de tomates (jitomates)
pelados y sin pepitas
1 pepino pequeño pelado,
sin pepitas y picado
1 pimiento (ají) rojo sin pepitas
y picado
1 guindilla (chile) roja grande
sin pepitas y picada
1 diente de ajo grande
3 cucharadas de aceite de oliva
el zumo (jugo) de 1 limón
pimienta

Guarnición de apio

1 rama de apio en rodajitas
1 aguacate (palta) pequeño pelado,
sin hueso (carozo) y en dados
6 hojas grandes de albahaca

Preparación

1 Deje en remojo una rebanada de pan con el agua 5 minutos.

2 Triture en el robot de cocina o la batidora el tomate con el jugo que hayan soltado, el pepino, el pimiento, tres cuartas partes de la guindilla, el ajo, 1 cucharada del aceite y el zumo de limón (reservando 1 cucharadita) hasta que estén mezclados pero no deshechos del todo. Sazone el gazpacho con pimienta y refrigérelo 2 o 3 horas.

3 Antes de servir el gazpacho, prepare la guarnición. Mezcle el apio con el aguacate, el zumo de limón reservado, la albahaca y la guindilla restante en un bol.

4 Corte la otra rebanada de pan en dados. Caliente el aceite restante en una sartén y fría el pan unos 5 minutos, o hasta que esté dorado y crujiente.

5 Reparta el gazpacho entre 2 boles y añada la guarnición de apio y los picatostes.

31

COLES DE BRUSELAS

Las coles de Bruselas aportan numerosos nutrientes beneficiosos para la mujer en la menopausia. Su contenido en azufre ofrece un alto grado de protección frente al cáncer.

Esta hortaliza del género Brassica es una de las armas más poderosas para combatir enfermedades en edades avanzadas. Los estudios demuestran que las mujeres que las consumen en abundancia están mucho menos expuestas a varios tipos de cáncer, como el de mama. Esto se debe a la acción antiestrogénica de los bioflavonoides, los carotenos y los indoles. Las coles de Bruselas también son ricas en vitamina C: una ración contiene el 150% de la dosis diaria recomendada. La vitamina C es un potente antioxidante que protege el corazón y las arterias, además de favorecer la producción de colágeno. Asimismo, facilita la absorción de hierro —que abunda en las coles de Bruselas— del organismo, aportando grandes dosis de energía y rendimiento mental. También contienen selenio, que previene el cáncer y la depresión e incluso puede aumentar la libido.

- Los indoles previenen el cáncer de mama, mientras que otros compuestos previenen otros tipos de cáncer.
- La vitamina C protege el corazón y mantiene la piel joven.
- El hierro aumenta la vitalidad y el rendimiento mental.

Consejos prácticos:

Las coles de Bruselas frescas concentran más nutrientes. Elíjalas de color verde fuerte, casi brillantes y sin motas amarillentas en las hojas. Para que conserven los nutrientes, hiérvalas al vapor al dente, refrésquelas con agua fría y sírvalas enseguida.

¿SABÍA QUE...?

Las coles de Bruselas, llamadas así por su origen belga, son una de las hortalizas con una historia más reciente, ya que se conocen solo desde hace unos cien años.

VALOR NUTRICIONAL DE 100 G DE COLES DE BRUSELAS

Kilocalorías	43
Proteínas	3,5 g
Grasas	0,3 g
Hidratos de carbono	9 g
Fibra	3,8 g
Vitamina C	85 mg
Ácido fólico	61 mcg
Potasio	389 mg
Magnesio	23 mg
Calcio	42 mg
Hierro	1,4 mg
Selenio	1,6 mcg
cinc	0,4 mg

Coles de Bruselas con panceta

PARA 4

2½ cucharadas de aceite de oliva
2 lonchas de panceta veteada
   en dados
500 g de coles de Bruselas
   partidas por la mitad a lo largo
4 chalotes (echalotes) en dados
100 ml de caldo de verduras
el zumo (jugo) de ½ limón
pimienta
25 g de virutas de parmesano,
   para servir

Preparación

1 Caliente el aceite en una sartén grande a fuego medio y saltee
   la panceta 2 o 3 minutos.

2 Añada las coles de Bruselas, con la parte cortada hacia abajo,
   y reparta el chalote por encima. Cuézalas unos 5 minutos, deles
   la vuelta y prosiga con la cocción otros 5 minutos.

3 Vierta el caldo y cueza las coles hasta que el líquido se consuma
   y estén tiernas.

4 Páselas a una fuente, rocíelas con el zumo de limón y sazónelas
   con pimienta. Sírvalas enseguida con las virutas de parmesano.

32

COL

La col es una de las fuentes más económicas de fitoquímicos, antioxidantes, vitaminas y minerales beneficiosos para el organismo.

Las distintas variedades de col son una buena fuente de vitamina C. Son ricas en vitamina K y contienen una cantidad razonable de calcio, dos protectores de los huesos. También contienen un tipo de fibra que se mezcla con la grasa en el sistema digestivo para bajar el colesterol y lignanos que reducen la intensidad de los sofocos. Con un índice glucémico bajo y pocas calorías, son buenas aliadas de la línea. Los repollos y las berzas de hoja verde oscura contienen los fitonutrientes más valiosos. Todas las coles de hoja oscura son ricas en indoles, que previenen el cáncer de mama, y monoterpenos, que protegen las células de los radicales libres. La col roja o lombarda contiene aún más antocianina y licopeno, dos pigmentos de acción antiinflamatoria que previenen la pérdida de memoria y el alzhéimer.

- Lignanos para reducir la intensidad de los sofocos.
- Compuestos que previenen el envejecimiento prematuro, el cáncer y la pérdida de memoria.
- Baja en calorías y en índice glucémico.
- Vitamina K y calcio para fortalecer los huesos.

¿SABÍA QUE...?

La col contiene ácido alfalinolénico, que pertenece al grupo de ácidos grasos omega-3 y que el organismo transforma en los ácidos grasos EPA y DHA del pescado azul. Por ello está muy indicada para los vegetarianos.

VALOR NUTRICIONAL DE 100 G DE COL

Kilocalorías	31
Proteínas	1,2 g
Grasas	Trazas
Hidratos de carbono	5,3 g
Fibra	2,3 g
Vitamina C	57 mg
Ácido fólico	18 mcg
Niacina	0,4 mg
Vitamina K	76 mcg
Potasio	243 mg
Calcio	45 mg
Hierro	0,8 mg
Selenio	0,6 mcg
Betacaroteno	670 mcg

Consejos prácticos:

Prepare las ensaladas con lombarda en lugar de col blanca. Rocíela con zumo de limón para que no se oxide. Trocéela en el último momento, ya que una vez cortada empieza a perder la vitamina C, y cuézala al vapor para que conserve los nutrientes.

Ensalada de col

PARA 4

*85 g de col lombarda (repollo
morado) en juliana*

*85 g de col (repollo) blanca
en juliana*

55 g de repollo

2 zanahorias ralladas

1 cebolla en rodajas finas

2 manzanas rojas troceadas

*4 cucharadas de zumo (jugo)
de naranja*

2 ramas de apio en rodajitas

55 g de maíz (elote) en conserva

2 cucharadas de pasas

Aliño

*4 cucharadas de yogur desnatado
(descremado)*

1 cucharada de perejil picado

pimienta

Preparación

1 Ponga la lombarda, la col blanca y el repollo en una ensaladera e incorpore la zanahoria y la cebolla. Rocíe la manzana con el zumo de naranja y añádala a la ensalada con el zumo, el apio, el maíz y las pasas. Mézclelo bien.

2 Para preparar el aliño, mezcle en un cuenco el yogur con el perejil y pimienta al gusto. Aliñe la ensalada, remuévala y sírvala.

33 ZANAHORIAS

Los carotenos de la zanahoria previenen el cáncer de mama, las cardiopatías y los problemas de la vista, además de proteger la piel y los pulmones.

Las zanahorias son un de los tubérculos más bajos en calorías y, aun así, de los más nutritivos. Económicas y disponibles todo el año, son una rica fuente de antioxidantes, sobre todo alfa y betacaroteno, este último responsable de su color naranja. Los antioxidantes de la zanahoria previenen cardiopatías y apoplejías, algunos tipos de cáncer como el de mama y enfisema pulmonar. Dos de ellos, la luteína y la zeaxantina, protegen la vista. Al parecer, los carotenos podrían reducir el riesgo de cardiopatías un 45% y el de apoplejías un 70%. Asimismo, son muy beneficiosos para la piel más madura, ya que ofrecen protección frente a los rayos solares y previenen la oxidación, la causa principal del envejecimiento cutáneo. Los carotenos también podrían mejorar la concentración y la memoria.

- Ricas en caroteno, que previene cardiopatías, apoplejías y cáncer de mama.
- Previenen el envejecimiento cutáneo y la oxidación, además de proteger la vista.
- Favorecen la memoria y la concentración.

Consejos prácticos:

Los carotenos se absorben mejor si las zanahorias se hierven y se aderezan con un poco de grasa, como aceite de oliva. Cuanto más oscuras sean, más carotenos contendrán. Tenga en cuenta que la parte verde próxima al tallo es algo tóxica.

¿SABÍA QUE...?

El consumo abundante y habitual de zanahorias da a la piel un ligero tono bronceado. Este efecto se llama carotenemia y es inofensivo. Comer zanahorias también ayuda a broncearse sin riesgos.

VALOR NUTRICIONAL DE 100 G DE ZANAHORIAS

Kilocalorías	41
Proteínas	0,9 g
Grasas	Trazas
Hidratos de carbono	9,6 g
Fibra	2,8 g
Vitamina C	6 mg
Vitamina E	0,7 mg
Betacaroteno	8285 mcg
Calcio	33 mg
Potasio	320 mg
Luteína/Zeaxantina	256 mcg

Frittata de zanahoria, calabacín y tomate

PARA 4

1 cucharada de aceite de oliva

1 cebolla en tiras finas

1-2 dientes de ajo majados

2 huevos

2 claras de huevo

1 calabacín (zapallito) rallado

2 zanahorias ralladas

2 tomates (jitomates) picados

pimienta

1 cucharada de albahaca en tiras,
*   para adornar*

Preparación

1   Caliente el aceite en una sartén a fuego medio y sofría la cebolla
y el ajo 5 minutos, removiendo a menudo. Bata los huevos enteros
con las claras en un bol y échelo en la sartén. Con una espátula
o un tenedor, extienda el huevo por toda la sartén.

2   Cuando la base haya cuajado un poco, reparta el calabacín,
la zanahoria y el tomate. Sazone con pimienta al gusto y prosiga
con la cocción a fuego lento hasta que el huevo esté en el punto
deseado.

3   Adorne la tortilla con la albahaca, córtela en porciones y sírvala
caliente o fría.

34 **BONIATO**

El boniato es un carbohidrato feculento mucho más nutritivo que la patata. Es rico en carotenos y compuestos que reducen el colesterol.

VALOR NUTRICIONAL DE 150 G DE BONIATO

Kilocalorías	129
Proteínas	2,4 g
Grasas	Trazas
Hidratos de carbono	30,2 g
Fibra	4,5 g
Vitamina C	3,6 mg
Vitamina E	0,4 mg
Potasio	506 mg
Calcio	45 mg
Hierro	0,9 mg
Magnesio	38 mg
Cinc	0,5 mg
Selenio	0,9 mcg
Betacaroteno	12 760 mcg

Los boniatos tienen un índice glucémico menor que las patatas, por eso están indicados para diabéticos y personas que están a dieta. Son ricos en antocianinas, unos pigmentos antioxidantes cardiosaludables, y contienen esteroles vegetales y pectina, la fibra soluble que reduce el colesterol «malo». Además, son muy ricos en betacaroteno, un antioxidante que previene algunos tipos de cáncer como el de mama y fortalece el sistema inmunológico. Los boniatos también son una buena fuente de vitamina E, que mejora el estado de la piel y reduce la frecuencia y la intensidad de los sofocos. Su consumo aporta varios minerales como el magnesio, que junto con el calcio refuerza los huesos, y selenio, que es un buen aliado de la piel y el bienestar. Asimismo, contiene una cantidad razonable de calcio, que previene la osteoporosis y la pérdida de densidad ósea.

- Bajo en índice glucémico, por lo que está indicado para diabéticos y personas que están a dieta.
- La vitamina E mejora el estado de la piel y mitiga los sofocos.
- Los carotenos podrían prevenir cáncer y cardiopatías.
- Los esteroles y la pectina reducen el colesterol «malo».

Consejos prácticos:
Pélelos, trocéelos y hiérvalos con agua o al vapor; áselos al horno, o pélelos y áselos a la plancha o fríalos en forma de chips. Sírvalos con aceite de oliva para favorecer la absorción de caroteno.

Boniatos con hummus de pimiento rojo

PARA 6

6 boniatos (papas dulces) sin pelar

aceite de oliva

sal marina

perejil picado, para adornar

hojas para ensalada,
   para acompañar

Hummus de pimiento rojo

400 g de garbanzos (chícharos)
   cocidos

el zumo (jugo) de 2 limones

5 cucharadas de tahín

2 cucharadas de aceite de oliva

1 diente de ajo majado

100 g de pimientos rojos asados
   en aceite de oliva escurridos
   y en tiras

sal y pimienta

Preparación

1 Precaliente el horno a 220 °C. Pinche varias veces los boniatos con un tenedor, úntelos con aceite y sálelos. Póngalos directamente en la rejilla del horno y áselos de 35 a 45 minutos, hasta que estén tiernos al pincharlos con la punta de un cuchillo afilado.

2 Mientras tanto, prepare el hummus. Triture los garbanzos con 2 cucharadas del zumo de limón en el robot de cocina o la batidora hasta obtener una pasta. Añada el tahín, el aceite y el ajo y tritúrelo de nuevo. Agregue el pimiento, salpimiente y ponga el robot de nuevo en marcha. Rectifique de zumo de limón. Pase el hummus a un bol, tápelo con film transparente y refrigérelo.

3 Cuando los boniatos estén tiernos, hágales un corte a lo largo y ábralos. Ponga una cucharada colmada de hummus de pimiento rojo encima, adórnelos con perejil picado y sírvalos con ensalada verde.

35 GERMINADOS

Al germinar, los granos multiplican sus propiedades nutritivas, por ello los brotes constituyen una gran ayuda durante la menopausia.

En Asia, los germinados se utilizan desde hace mucho tiempo para combatir los síntomas de la menopausia. En concreto, los brotes de alfalfa y de soja alivian los sofocos, la sudoración nocturna y los cambios de humor gracias al coumestrol, un compuesto vegetal con efectos estrogénicos, y a la genisteína y la daidzeína, que tienen las mismas propiedades. Los germinados son muy bajos en calorías y ricos en fibra, por lo que ayudan a mantener la línea. También son ricos en ácido pantoténico, un tipo de vitamina B que previene la fatiga, y otras vitaminas del mismo grupo que combaten la depresión.

- Los compuestos estrogénicos alivian los sofocos, la sudoración nocturna y los cambios de humor.
- Bajos en calorías y ricos en fibra para mantener la línea.
- Vitaminas del grupo B para combatir la fatiga y la depresión.
- Ricos en minerales antioxidantes con numerosas propiedades.

Consejos prácticos:
Los germinados crudos conservan toda la vitamina B y C. También puede saltearlos con aceite de oliva o cacahuete o cocerlos al vapor 1 minuto y servirlos en lugar de patatas o pasta. Refrigérelos y, a ser posible, consúmalos el mismo día. Tenga en cuenta que la germinación conlleva la proliferación de bacterias y podría causar algún trastorno de salud.

¿SABÍA QUE...?

Los germinados son digestivos, incluso crudos, porque sus enzimas destruyen las proteínas y las grasas que contienen.

VALOR NUTRICIONAL DE 100 G DE GERMINADOS

Kilocalorías	23
Proteínas	4 g
Grasas	0,7 g
Hidratos de carbono	2 g
Fibra	2 g
Vitamina C	8 mg
Niacina	0,5 mg
Ácido pantoténico	0,6 mg
Vitamina K	30,5 mcg
Colina	14,5 mg
Calcio	32 mg
Magnesio	27 mg
Hierro	1 mg
Cinc	0,9 mg

Brotes de soja salteados

PARA 4

1 cucharada de aceite de
   cacahuete (cacahuate)
   o de oliva

225 g de brotes de soja

2 cucharadas de cebolleta
   (cebolleta tierna) picada

½ cucharadita de sal

1 pizca de azúcar

Preparación

1 Caliente el aceite en un wok precalentado o una sartén honda y
   saltee los brotes de soja con la cebolleta alrededor de 1 minuto.
   Sazónelos con la sal y el azúcar y mézclelo bien.

2 Apártelo del fuego y sírvalo enseguida.

36 COLIFLOR

Esta hortaliza del género Brassica contiene antioxidantes y compuestos vegetales que neutralizan los síntomas de la menopausia.

VALOR NUTRICIONAL DE 100 G DE COLIFLOR

Kilocalorías	25
Proteínas	1,9 g
Grasas	0,3 g
Hidratos de carbono	5 g
Fibra	2 g
Vitamina C	48 mg
Ácido fólico	57 mcg
Vitamina B6	0,2 mg
Vitamina K	15,5 mcg
Potasio	299 mg
Calcio	22 mg
Hierro	0,4 mg
Colina	44 mg

Los estudios demuestran que los indoles de la coliflor podrían prevenir el cáncer de mama y de ovarios. Además, estos compuestos también podrían favorecer el equilibrio hormonal y neutralizar algunos síntomas de la menopausia como los sofocos y sudoración nocturna. La coliflor contiene indol-3-carbinol, una molécula cuya potente acción antiinflamatoria podría prevenir la artritis, las cardiopatías y el cáncer. Otro glucosinolato, la glucorafanina, puede transformarse en sulforafano, que no solo previene sino que incluso podría revertir los signos de la arteriosclerosis. Los glucosinolatos en general se han estudiado porque podrían prevenir o controlar el síndrome de colon irritable, la obesidad y la diabetes de tipo 2. La coliflor también es muy rica en potasio, de acción diurética; vitamina C; fibra, y colina, que previene la acumulación de homocisteína en la sangre.

• Los indoles protegen del cáncer de mama y de ovarios.
• Favorece el equilibrio hormonal y neutraliza algunos síntomas de la menopausia.
• Compuestos que previenen cardiopatías y arteriosclerosis.
• Podría prevenir la diabetes.

Consejos prácticos:
Los ramitos más tiernos pueden comerse crudos. Para cocer la coliflor, sepárela en ramitos y cuézala al vapor solo unos minutos para que conserve las vitaminas. Consúmala en un par de días. Si presenta motas marrones significa que no es fresca.

Coliflor y judías verdes con anacardos

PARA 4

1 cucharada de aceite vegetal

1 cucharada de aceite a la guindilla

1 cebolla picada

2 dientes de ajo picados

2 cucharadas de pasta de curry rojo tailandés

1 coliflor pequeña en ramitos

175 g de judías verdes (ejotes) en trozos largos

150 ml de caldo de verduras

2 cucharadas de salsa de soja tailandesa

50 g de anacardos (castañas de cajú) tostados

Preparación

1 Caliente los dos tipos de aceite en el wok y saltee la cebolla y el ajo hasta que se ablanden un poco. Añada la pasta de curry y saltéelo todo un par de minutos.

2 Eche la coliflor y las judías y saltéelas 3 o 4 minutos, hasta que se ablanden. Vierta el caldo y la salsa de soja y caliéntelos un par de minutos. Sírvalo enseguida, con los anacardos.

37

HINOJO

El bulbo de hinojo es rico en vitaminas, minerales y fitonutrientes, por ello es muy recomendable durante la menopausia.

El hinojo es ideal para mantener la línea ya que, además de ser bajo en calorías, gracias a su textura crujiente hay que masticarlo muy bien, por lo que resulta saciante. Su alto contenido en fibra también sacia, mientras que el potasio ayuda a eliminar líquidos y, por tanto, hace que nos sintamos más ligeros y regula la tensión arterial. Al parecer, el jugo elimina toxinas del organismo, y se utiliza desde hace mucho para prevenir la hinchazón y los gases. El bulbo es rico en calcio. El hinojo también es una fuente de betacaroteno, que protege la piel de las quemaduras solares y el envejecimiento. Su principal compuesto vegetal es el anetol, que podría ejercer una acción antiinflamatoria y, por tanto, neutralizar los síntomas de la artritis y prevenir cardiopatías y cáncer.

- Ideal para mantener la línea porque contiene pocas calorías y mucha fibra.
- Alivia la hinchazón, la indigestión y los gases.
- El calcio mejora y protege la salud de los huesos.
- Protege la piel de las quemaduras solares y neutraliza los síntomas de la artritis.

Consejos prácticos:
Es mejor comer el bulbo de hinojo crudo aliñado con aceite de oliva para absorber mejor los fitoquímicos. También puede escalfarlo o asarlo en un poco de aceite. El hinojo combina muy bien con el pescado y el pollo. Todas las partes de la planta son comestibles, y las hojas constituyen una sabrosa guarnición.

¿SABÍA QUE...?
Durante miles de años, griegos y romanos han tomado hinojo como hierba medicinal por sus propiedades antitusivas, digestivas, diuréticas y depurativas.

VALOR NUTRICIONAL DE 100 G DE HINOJO

Kilocalorías	31
Proteínas	1,3 g
Grasas	0,2 g
Hidratos de carbono	7,3 g
Fibra	3 g
Vitamina C	12 mg
Ácido fólico	42 mcg
Magnesio	17 mg
Potasio	414 mg
Calcio	49 mg
Hierro	0,7 mg

Sopa de hinojo y tomate con gambas

PARA 4

2 cucharaditas de aceite de oliva

1 cebolla grande partida por la
   mitad y en rodajas

2 bulbos grandes de hinojo por la
   mitad y en rodajas

1 patata (papa) pelada y en dados

850 ml de agua

400 ml de zumo (jugo) de tomate, y
   un poco más si fuera necesario

1 hoja de laurel

125 g de gambas (camarones)
   pequeñas cocidas y peladas

2 tomates (jitomates) pelados,
   sin pepitas y picados

½ cucharadita de eneldo troceado

sal y pimienta

ramitas de eneldo u hojas
   de hinojo, para adornar

Preparación

1 Caliente el aceite en una cazuela a fuego medio. Sofría la cebolla y el hinojo 3 o 4 minutos, removiendo de vez en cuando, hasta que la cebolla empiece a ablandarse.

2 Añada la patata, el agua, el zumo de tomate, el laurel y una buena pizca de sal. Baje el fuego, tápelo y cuézalo unos 25 minutos, removiendo un par de veces, hasta que las hortalizas se ablanden.

3 Deje enfriar un poco la sopa. Retire y deseche el laurel y, por tandas si fuera necesario, triture la sopa en el robot de cocina o la batidora hasta obtener un puré homogéneo. (Si utiliza el robot, cuele el líquido de cocción y resérvelo. Añada líquido suficiente a los ingredientes sólidos para poder triturarlos y, después, mezcle el puré con el restante).

4 Devuelva la sopa a la cazuela y añada las gambas. Déjela unos 10 minutos a fuego lento para que se caliente bien y los sabores se entremezclen.

5 Incorpore el tomate y el eneldo. Rectifique la sazón. Si lo desea, aclare la sopa con un poco más de zumo de tomate. Repártala entre 4 boles, adórnela con unas ramitas de eneldo y sírvala enseguida.

38 AJO

El ajo se considera desde hace mucho un remedio para curar enfermedades. Sus potentes compuestos previenen cardiopatías, cáncer y problemas digestivos.

El ajo pertenece a la misma familia que la cebolla, el puerro y el cebollino. Bastan un par de dientes de vez en cuando para notar sus efectos. Su poder curativo se atribuye a varios compuestos de azufre como la alicina, que le confiere su olor acre. Según los estudios, el ajo reduce el riesgo de cardiopatías y varios tipos de cáncer. Los sulfuros favorecen la dilatación de los vasos sanguíneos y, por tanto, controlan la hipertensión, un trastorno asociado a la edad. El ajo también es un antibiótico eficaz, facilita la digestión y podría neutralizar las úlceras estomacales y prevenir el estreñimiento. El dialilsulfuro favorece la absorción de hierro, lo que repercute en un aumento de la vitalidad. Si se consume en cantidades razonables, el ajo es una buena fuente de vitamina C y selenio, dos antioxidantes, así como de potasio y calcio.

- Reduce la incidencia de hipertensión, cardiopatías y algunos tipos de cáncer.
- Antibiótico y protector y regulador del sistema digestivo.
- Favorece la absorción de hierro de la dieta.

Consejos prácticos:
Para disfrutar de todas sus propiedades, fríalo o áselo al horno solo hasta que se ablande. Después de comer ajo, mastique unas hojitas de perejil para neutralizar el mal aliento. Sin embargo, si lo consume habitualmente desaparecerá el olor.

¿SABÍA QUE...?

Según los estudios, si después de majar o picar el ajo se deja reposar unos minutos se potencian las propiedades protectoras de la alicina.

VALOR NUTRICIONAL DE 2 DIENTES DE AJO

Kilocalorías	9
Proteínas	0,4 g
Grasas	Trazas
Hidratos de carbono	2 g
Fibra	Trazas
Vitamina C	2 mg
Calcio	11 mg
Potasio	24 mg
Selenio	1 mcg

Espinacas con ajo al limón

PARA 4

4 cucharadas de aceite de oliva
2 dientes de ajo en rodajas finas
450 g de espinacas troceadas
el zumo (jugo) de ½ limón
pimienta

Preparación

1 Caliente el aceite a fuego fuerte en una sartén grande. Rehogue el ajo y las espinacas, sin dejar de remover, hasta que las espinacas se ablanden, procurando que no se quemen.

2 Aparte la sartén del fuego, pase las espinacas a un bol y rocíelas con el zumo de limón. Sazónelas con pimienta. Mézclelas bien y sírvalas calientes o a temperatura ambiente.

39 LECHUGA

Los compuestos de la lechuga y otras hojas para ensalada de color verde fuerte u oscuro, rojo o morado, previenen enfermedades y mejoran la salud en la mediana edad.

En la menopausia se recomiendan las variedades oscuras mejor que las más claras, como la lechuga iceberg. Esto se debe a que concentran más sustancias beneficiosas, como vitamina C, minerales, antioxidantes y otros fitoquímicos. Los carotenos previenen cardiopatías y algunos tipos de cáncer, y los pigmentos de las antocianinas de las variedades rojas y moradas son flavonoides que favorecen la producción de colágeno y, por tanto, preservan la flexibilidad y la firmeza de la piel. La lechuga es baja en calorías y rica en fibra soluble, y registra un índice glucémico bajo. Contiene lactucina, una sustancia relajante, por lo que el consumo nocturno de lechuga previene el insomnio y calma la ansiedad. Las verduras de hoja oscura son ricas en luteína y zeaxantina, dos compuestos que previenen la degeneración de la vista, y en ácido fólico, que protege el corazón y las arterias.

- Nutritiva y baja en calorías para mantener la línea.
- Las antocianinas preservan la flexibilidad y la firmeza de la piel.
- La lechuga ejerce un suave efecto relajante.
- Antioxidantes y ácido fólico para proteger el corazón y las arterias.

Consejos prácticos:

No deje la lechuga en remojo, de lo contrario la vitamina C se disolvería en el agua. Enjuáguela rápidamente bajo el grifo y séquela con un centrifugador. Deje las hojas enteras o pártalas en el último momento, ya que la parte cortada se oxida enseguida.

¿SABÍA QUE...?

Las hojas para e ensalada con un sabor intenso o amargo contienen más fitonutrientes que las más suaves.

VALOR NUTRICIONAL DE 100 G DE LECHUGA

Kilocalorías	17
Proteínas	1,2 g
Grasas	Trazas
Hidratos de carbono	3,2 g
Fibra	2,1 g
Vitamina C	4 mg
Ácido fólico	136 mcg
Potasio	247 mg
Calcio	33 mg
Hierro	1 mg
Betacaroteno	5226 mcg
Luteína/Zeaxantina	1850 mcg

Lechuga con guisantes y chalote a la menta

PARA 6

500 g de guisantes (arvejas)
frescos desgranados

2 chalotes (echalotes) en rodajitas

1 diente de ajo picado

8 hojas de lechuga romana

3 ramitas de menta, y algunas más
para adornar

1 cucharadita de azúcar

25 g de mantequilla
o 2 cucharadas de aceite
de girasol

sal y pimienta

Preparación

1. Lleve agua a ebullición en una cazuela. Forre la vaporera con papel vegetal humedecido.

2. Ponga los guisantes en la vaporera y después el chalote, el ajo, la lechuga y la menta. Espolvoree las hortalizas con el azúcar y reparta la mantequilla troceada por encima. Salpimiente.

3. Tape la vaporera herméticamente y encájela sobre la cazuela con agua hirviendo. Cueza las hortalizas 4 o 5 minutos, hasta que los guisantes estén tiernos.

4. Retire y deseche la menta. Pase las hortalizas a una fuente, adórnelas con unas ramitas de menta y sírvalas enseguida.

40 BRÉCOL

El brécol concentra numerosos nutrientes
y compuestos vegetales que protegen y
refuerzan la salud y el organismo durante
y después de la menopausia.

Las variedades verde oscuro y morada de esta hortaliza del
género Brassica son las más ricas en nutrientes, sobre todo
carotenoides, que reducen el colesterol «malo» y previenen
cardiopatías. Los carotenoides también mejoran la memoria y
alivian los problemas de piel seca. El brécol neutraliza los sofocos
y sus efectos, ya que es muy rico en lignanos, unos compuestos
vegetales que ejercen un efecto estrogénico. Además, es una de
las mejores fuentes vegetales de calcio y vitamina K, que
previenen la osteoporosis. También es rico en sulforafano, indoles,
selenio y vitamina C, que refuerza el sistema inmunológico,
sustancias todas ellas que previenen el cáncer de mama, una
enfermedad con una mayor incidencia en edades avanzadas.

- Compuestos y nutrientes que ofrecen una potente protección
  frente al cáncer de mama y las cardiopatías.
- Efecto estrogénico que neutraliza los sofocos.
- Bajo en calorías y rico en fibra para mantener la línea.
- Calcio y vitamina K para fortalecer y proteger los huesos.

Consejos prácticos:

El brécol congelado contiene la misma cantidad de nutrientes y
fitoquímicos que el fresco. Cuézalo al vapor o saltéelo brevemente
para que conserve la vitamina C y los antioxidantes. Las hojas y
los tallos, que contienen mucha fibra, también son comestibles
y saludables.

¿SABÍA QUE...?

El brécol que se encuentra
en los supermercados suele
ser de la variedad calabresa.
Las variedades de color más
claro contienen una menor
cantidad de fitonutrientes
saludables.

VALOR NUTRICIONAL
DE 100 G DE BRÉCOL

Kilocalorías	34
Proteínas	2,8 g
Grasas	0,4 g
Hidratos de carbono	6,6 g
Fibra	2,6 g
Vitamina C	89 mg
Vitamina K	102 mcg
Selenio	2,5 mcg
Betacaroteno	361 mcg
Calcio	47 mg
Luteína/Zeaxantina	1403 mcg

Brécol con huevos escalfados

PARA 4

*400 g de patatas (papas) harinosas
    peladas y en dados de 1 cm*
175 g de brécol (brócoli) en ramitos
2 cucharadas de aceite de girasol
1 cebolla picada
*1 pimiento (ají) rojo grande
    sin pepitas y en daditos*
*¼-½ cucharadita de copos
    de guindilla (chile)*
4 huevos grandes
sal y pimienta

Preparación

1   Cueza la patata en agua hirviendo con un poco de sal 6 minutos.
    Escúrrala bien. Escalde o cueza al vapor el brécol 3 minutos.

2   Caliente el aceite en una sartén grande a fuego más bien fuerte
    y rehogue la cebolla y el pimiento 2 o 3 minutos, hasta que se
    ablanden. Añada la patata hervida y rehóguela, removiendo de vez
    en cuando, de 6 a 8 minutos, hasta que esté tierna. Incorpore el
    brécol y la guindilla y déjelo a fuego lento, removiendo, hasta que
    se dore. Salpimiente.

3   Mientras tanto, caliente agua en una olla hasta que empiece a
    borbotear. Casque los huevos en el agua y escálfelos a fuego lento
    3 o 4 minutos hasta que empiecen a cuajar.

4   Reparta las hortalizas entre 4 platos y añada un huevo escalfado
    en cada porción.

41 JUDÍAS VERDES

Las judías verdes son fáciles de preparar y combinar. Contienen nutrientes y fitoquímicos que rejuvenecen y nutren durante la menopausia.

Todas las variedades de judías verdes, como las redondas o las perona, son muy ricas en fitonutrientes. Cabe destacar su contenido en luteína, betacaroteno, violaxantina y neoxantina, todos ellos carotenoides. El consumo habitual de estos compuestos previene cardiopatías y cáncer, además de proteger la piel de los rayos solares. Las judías verdes también contienen luteína y zeaxantina, que previenen la degeneración de la vista. Sus flavonoides —quercetina, kemferol, catequinas, epicatequinas y procianidinas— neutralizan los radicales libres y previenen el envejecimiento prematuro. Gracias al contenido en calcio, vitamina K y vitamina C, las judías también favorecen la densidad ósea.

- Muy ricas en carotenos, que ofrecen protección frente a las cardiopatías y el cáncer.
- Neutralizan los radicales libres y previenen el envejecimiento prematuro.
- Protegen los huesos y aumentan el rendimiento mental.

Consejos prácticos:

Elija judías verdes que al partirse crujan, ya que si están blandas habrán perdido las vitaminas B y C. Además de cocerse al vapor, pueden saltearse con aceite para facilitar la absorción de carotenos por parte del organismo.

¿SABÍA QUE...?

Existen variedades de otros colores aparte del verde, como morado y amarillo. La variedad morado es algo más rica en flavonoides que la verde, y la amarilla algo menos.

VALOR NUTRICIONAL DE 100 G DE JUDÍAS VERDES

Kilocalorías	31
Proteínas	1,8 g
Grasas	0,2 g
Hidratos de carbono	7 g
Fibra	2,7 g
Vitamina C	12 mg
Ácido fólico	33 mcg
Vitamina K	14,5 mcg
Potasio	211 mg
Calcio	37 mg
Hierro	1 mg
Betacaroteno	379 mcg
Luteína/Zeaxantina	640 mcg

Pisto de judías verdes

PARA 4   L H C P

1 cucharada de aceite de oliva

1 cebolla picada

2 dientes de ajo en rodajas

2 pimientos (ajís) rojos sin pepitas
y picados

2 calabacines (zapallitos) partidos
por la mitad a lo largo y en
medias rodajas

175 g de judías perona en trozos
largos

200 g de judías verdes (ejotes)
redondas

400 g de tomate troceado
en conserva

100 ml de caldo de verduras

2 cucharadas de perejil picado

sal y pimienta

25 g de parmesano recién rallado,
para servir (opcional)

Preparación

1 Caliente el aceite a fuego medio en una cazuela y saltee la cebolla
y el ajo 2 minutos.

2 Incorpore las hortalizas restantes y, después, el tomate troceado
y el caldo.

3 Salpimiente generosamente y llévelo a ebullición. Cuézalo, tapado,
25 minutos o hasta que las hortalizas estén hechas pero aún
consistentes.

4 Incorpore el perejil picado y, si lo desea, esparza el parmesano
por encima.

42 ALGAS

Todas las variedades de algas son muy nutritivas. Son ricas en iodina para la tiroides, cinc para el equilibrio hormonal y calcio para unos huesos fuertes.

Entre las distintas variedades de algas se cuentan la kombu verde oscura, la dulse rojo oscura, la nori verde o morado, y la wakame verde oscura o marrón. Aunque su valor nutricional varía, en general son ricas en iodinas, un mineral que activa la glándula tiroides, cuya función es producir las hormonas que regulan el metabolismo del cuerpo. Una tiroides lenta puede provocar aumento de peso y fatiga. Las algas también contienen numerosos minerales, como el cinc, que neutraliza síntomas de la menopausia como los sofocos y la sudoración nocturna y mejora el estado de la piel. El magnesio y el calcio refuerzan los huesos, mientras que una dosis generosa de hierro aporta vitalidad y mejora la memoria. La vitamina B de las algas reduce los niveles de homocisteína en la sangre y podría reducir el riesgo de cardiopatías y apoplejías.

- Excelente fuente de iodina, que regula el metabolismo del cuerpo.
- Ricas en minerales que alivian los síntomas de la menopausia.
- Fuente de hierro para mejorar la memoria y la vitalidad, y de calcio para fortalecer los huesos.
- Ricas en ácido fólico, que mantiene las arterias en buen estado.

Consejos prácticos:
Pique unas algas frescas y añádalas a sopas y salteados. Las algas nori se extienden en grandes láminas para envolver sushi.

¿SABÍA QUE...?

Al crecer en el mar, en general las algas son ricas en sodio, por lo que no están indicadas para las personas que sigan una dieta baja en sal.

VALOR NUTRICIONAL DE 50 G DE ALGA KOMBU

Kilocalorías	22
Proteínas	0,8 g
Grasas	0,3 g
Hidratos de carbono	4,8 g
Fibra	0,7 g
Calcio	84 mg
Hierro	1,4 mg
Magnesio	61 mg
Potasio	45 mg
Cinc	0,6 mg
Iodina	1037 mcg
Ácido fólico	90 mcg

Ensalada de algas, pepino y calamares

PARA 4

20 g de alga wakame seca

1 cucharada de aceite de
   cacahuete (cacahuate)

1 diente de ajo picado

1 guindilla (chile) roja sin pepitas
   y picada

4 calamares sin las patas
   y en anillas finas

1 pepino partido por la mitad,
   sin pepitas y en rodajas

80 g de brotes de soja

1 pimiento (ají) rojo sin pepitas
   y en rodajas finas

1 manojito de hojas de cilantro,
   para adornar

Aliño

3 cucharadas de aceite
   de cacahuete (cacahuate)

el zumo (jugo) de ½ lima

1 cucharadita de salsa de pescado

½ cucharadita de azúcar moreno

1 trozo de jengibre de 2 cm rallado

Preparación

1 Ponga las algas en un bol, cúbralas con agua fría y déjelas
   4 minutos en remojo. Escúrralas.

2 Para preparar el aliño, bata 3 cucharadas del aceite de cacahuete
   con el zumo de lima, la salsa de pescado, el azúcar y el jengibre.

3 Caliente el aceite restante en una cazuela y sofría el ajo y la guindilla
   un par de minutos. Incorpore el calamar y saltéelo 2 o 3 minutos,
   hasta que esté hecho. Retírelo con una espumadera y deje que
   se enfríe un poco.

4 Mezcle el calamar con el pepino, los brotes de soja, el pimiento,
   las algas y el aliño.

5 Páselo a una ensaladera y sírvalo adornado con hojas de cilantro.

43 COL RIZADA

La col rizada verde oscura, que pertenece al género Brassica, es la verdura más rica en antioxidantes y, como tal, un alimento muy saludable.

La col rizada es una de las verduras más saludables gracias a su riqueza en nutrientes esenciales. Contiene hasta 45 antioxidantes distintos, por ello ocupa un lugar muy destacado en la escala ORAC. El kaempferol, por ejemplo, mantiene la densidad ósea y alivia los síntomas de la depresión y la ansiedad en la menopausia, mientras que los indoles reducen el colesterol «malo». La col rizada también es una de las verduras más ricas en calcio que, junto con la vitamina K, protege los huesos durante y después de la menopausia. Es una buena fuente de hierro para la sangre y la vitalidad, selenio para el sistema inmunológico y magnesio para el corazón. La vitamina E también protege el corazón y mantiene la piel tersa y elástica. Por si fuera poco, la col rizada es baja en calorías y registra un índice glucémico bajo.

- Rica en calcio y vitamina K para fortalecer los huesos.
- Rica en vitamina C para favorecer la absorción de calcio.
- Buena fuente de hierro, selenio y magnesio.

Consejos prácticos:
La col rizada puede hervirse al vapor o saltearse y aderezarse con aceite para favorecer la absorción de la vitamina C. Las hojas externas, más oscuras, concentran la mayor cantidad de antioxidantes y hierro. Lave bien la col bajo el grifo, ya que los recovecos de las hojas suelen acumular restos de tierra.

¿SABÍA QUE...?

La col rizada contiene goitrógenos, unas sustancias naturales que pueden interferir en el funcionamiento de la tiroides. Se recomienda a las personas con problemas de tiroides que eviten su consumo.

VALOR NUTRICIONAL DE 100 G DE COL RIZADA

Kilocalorías	50
Proteínas	3,3 g
Grasas	0,7 g
Hidratos de carbono	10 g
Fibra	2 g
Vitamina C	120 mg
Ácido fólico	29 mcg
Vitamina E	1,7 mg
Potasio	447 mg
Calcio	135 mg
Hierro	1,7 mg
Magnesio	34 mg
Selenio	0,9 mcg
Betacaroteno	9226 mcg

Sopa de hortalizas y alubias blancas

PARA 4

250 g de alubias blancas
   (chícharos blancos) remojadas
   la noche anterior
1 cucharada de aceite de oliva
2 cebollas picadas
4 dientes de ajo picados
1 rama de apio en rodajitas
2 zanahorias partidas por la mitad
   a lo largo y en medias rodajas
1,2 litros de agua
¼ cucharadita de tomillo
¼ de cucharadita de mejorana
1 hoja de laurel
125 g de verduras de hoja verde,
   como acelgas, mostaza,
   espinacas y col rizada lavadas
sal y pimienta

Preparación

1 Escurra las alubias, póngalas en una cazuela y añada agua fría hasta cubrirlas unos 5 cm por encima. Llévelas a ebullición y hiérvalas 10 minutos. Escúrralas y enjuáguelas bien.

2 Caliente el aceite a fuego medio en una cazuela. Sofría la cebolla, tapada, 3 o 4 minutos, removiendo de vez en cuando, hasta que emplece a ablandarse. Añada el ajo, el apio y la zanahoria y prosiga con la cocción 2 minutos más.

3 Añada el agua, las alubias, el tomillo, la mejorana y el laurel. Cuando empiece a borbotear, baje el fuego al mínimo. Tape la cazuela y cuézalo a fuego lento, removiendo de vez en cuando, 1¼ horas o hasta que las alubias estén tiernas. Salpimiente.

4 Deje enfriar un poco la sopa, retire y deseche el laurel y vierta 450 ml en el recipiente del robot de cocina o la batidora. Tritúrela hasta que esté homogénea, devuélvala a la cazuela y remueva.

5 Junte las verduras en puñados y córtelas en tiras finas al bies, dejando las más tiernas, como las espinacas, aparte. Añada las hojas más gruesas a la sopa y cuézalas a fuego lento, sin tapar, 10 minutos. Incorpore las verduras restantes y prosiga con la cocción de 5 a 10 minutos, hasta que estén tiernas. Sirva la sopa.

44

BERROS

Aunque los berros se toman en pequeñas cantidades, las hojas son tan nutritivas que constituyen un aporte muy valioso en la mediana edad.

Una ración de berros aporta una buena cantidad de vitamina C, potasio y calcio, una magnífica combinación cuando se trata de reforzar y densificar los huesos, así como prevenir la osteoporosis. Las hojas también son una excelente fuente de carotenos, incluida la luteína para la vista, y varios fitoquímicos, como el fenetil isotiocianato, que reduce el riesgo de cáncer en la mediana edad. Al parecer los berros también podrían depurar el hígado y limpiar la sangre, ya que contienen benzil, un potente antibiótico. Protegen la piel de las quemaduras del sol y de la sequedad y las arrugas gracias al contenido en vitamina C y betacaroteno. En la medicina tradicional se utilizan como diurético, estimulante del apetito y antidepresivo.

- Contienen una combinación de nutrientes que refuerzan y densifican los huesos.
- El caroteno previene el cáncer.
- Vitamina C y betacaroteno para prevenir las quemaduras del sol y la sequedad y las arrugas.
- Muy bajos en calorías.

Consejos prácticos:

Lave los berros y sacúdalos para retirar el agua. Aunque suelen comerse crudos en ensalada, con patatas y cebolla puede prepararse una deliciosa sopa sin que se pierdan las vitaminas. Para preparar una nutritiva y refrescante ensalada, mezcle berros, endibia y rodajas de naranja y alíñelos con aceite.

¿SABÍA QUE...?

No consuma los berros que crezcan en arroyos o similares, ya que los parásitos y bacterias podrían provocar una infección intestinal.

VALOR NUTRICIONAL DE 25 G DE BERROS

Kilocalorías	3
Proteínas	0,6 g
Grasas	Trazas
Hidratos de carbono	0,3 g
Fibra	Trazas
Vitamina C	11 mg
Vitamina K	62 mcg
Potasio	83 mg
Calcio	30 mg
Betacaroteno	705 mcg
Luteína/Zeaxantina	1442 mcg

Pollo salteado con berros

PARA 4

1 cucharada de aceite de oliva

2 pechugas de pollo sin hueso
ni piel y en tiras

1 cucharada de miel

6 cebolletas (cebolletas tiernas)
en rodajitas

2 pimientos (ajís) rojos sin pepitas
y en tiras

200 g de tirabeques

200 g de champiñones por la mitad

85 g de berros troceados

1 cucharada de salsa clara de soja

1 cucharada de salsa hoisin

25 g de anacardos (castañas
de cajú)

arroz integral o tallarines recién
cocidos, para acompañar

Preparación

1 Caliente el aceite en un wok o una sartén honda y eche el pollo
y 2 cucharaditas de la miel. Dore el pollo, retírelo con una
espumadera y resérvelo.

2 Saltee la cebolleta, el pimiento, los tirabeques, los champiñones
y la miel restante a fuego fuerte 2 o 3 minutos.

3 Devuelva el pollo al wok y añada los berros, la salsa de soja, la
salsa hoisin y los anacardos. Prosiga con la cocción 4 o 5 minutos
más.

4 Reparta el salteado entre 4 platos y sírvalo enseguida,
acompañado de arroz integral o tallarines recién cocidos.

PEPINO

El pepino pertenece a la misma familia que el melón, y es igual de refrescante e hidratante, además de rico en nutrientes beneficiosos para la piel.

Los estudios apuntan a que el pepino podría prevenir la degeneración del tejido conectivo —ligamentos y cartílagos— asociada a la edad. Esto se debe a su abundancia en silicio, un componente esencial de este tejido, así como de los huesos y los músculos. La masa muscular y la masa ósea empiezan a disminuir a partir de la menopausia. El pepino contiene mucha agua, por lo que ayuda a mantener la piel hidratada y firme durante el climaterio. También es rico en potasio, un mineral que regula los fluidos corporales y actúa como diurético, y muy bajo en calorías. Asimismo, contiene vitamina C y magnesio, que interactúan para proteger el corazón. El magnesio es otro componente importante de los huesos y puede prevenir la osteoporosis.

- El silicio previene la degeneración del tejido conectivo asociada a la edad.
- Diurético y bajo en calorías.
- Protege el corazón y los huesos.

Consejos prácticos:
A ser posible, elija pepinos de cultivo ecológico para poder comerlos con piel, que contiene buena parte de la fibra y los nutrientes. Casi siempre se sirve crudo en ensalada, en bastoncillos para mojar en alguna salsa o con yogur en la raita india o el tzatziki griego. Aunque en muchas recetas se pide retirar las semillas, es mejor dejarlas por su contenido en nutrientes.

¿SABÍA QUE...?

Los pepinillos son una variedad en miniatura que contienen algo menos de agua que los pepinos y suelen encurtirse.

VALOR NUTRICIONAL DE 100 G DE PEPINO

Kilocalorías	15
Proteínas	0,5 g
Grasas	Trazas
Hidratos de carbono	3,5 g
Fibra	0,5 g
Vitamina C	3 mg
Vitamina K	16 mcg
Potasio	147 mg
Calcio	16 mg
Magnesio	13 mg
Hierro	0,3 mg

Ensalada tailandesa crujiente

PARA 4

1 pepino en juliana
2 zanahorias en juliana
½ pimiento (ají) rojo sin pepitas
  y en juliana
150 g de brotes de soja
125 g de tirabeques en juliana
2 cucharadas de cilantro picado
50 g de cacahuetes (cacahuates)
  salados picados, para servir

Aliño

1 cucharada de aceite de
  cacahuete (cacahuate)
1 cucharadita de aceite de sésamo
½ cucharadita de azúcar moreno
1 cucharadita de salsa de pescado
el zumo (jugo) de 1 lima (limón)
1 guindilla (chile) roja sin pepitas
  y en rodajitas

Preparación

1 Para preparar el aliño, bata los dos tipos de aceite con el azúcar, la salsa de pescado y el zumo de lima hasta que el azúcar se disuelva. Incorpore la guindilla.

2 Ponga el pepino, la zanahoria, el pimiento, los brotes de soja, los tirabeques y el cilantro en un bol y mézclelos con el aliño.

3 Reparta la ensalada entre 4 platos y sírvala con los cacahuetes salados por encima.

46 TOMATES

Los tomates son un alimento muy saludable por su contenido en vitaminas y compuestos que previenen enfermedades en la mediana edad.

El tomate crudo es rico en vitamina C, el antioxidante que reduce el riesgo de cardiopatías, potencia la acción de los minerales que ingerimos al servicio de los huesos y la sangre, y mejora el estado de la piel, las encías y la vista. Contiene vitamina E, magnesio y ácido fólico para proteger el corazón, y potasio, que interactúa con el sodio para controlar la retención de líquidos. También es una buena fuente de hierro, un mineral esencial para la vitalidad, el cerebro y la memoria. Es muy rico en carotenos como el licopeno, que combate cardiopatías y cuya eficacia se multiplica cuando el tomate se cocina, se tritura o se seca parcialmente. El tomate es una buena fuente de ácido lipoico, que aumenta la vitalidad y el rendimiento mental.

- Ricos en vitaminas y antioxidantes para proteger el corazón.
- Hierro y ácido lipoico para la vitalidad y el rendimiento mental.
- Carotenos para proteger la piel y vitamina C para favorecer la producción de colágeno, que mantiene la piel suave y tersa.

Consejos prácticos:
Cuanto más rojo y maduro esté el tomate, más carotenos contendrá. Los tomates madurados al sol contienen más licopeno que los que se dejan madurar una vez recolectados. No pele los tomates si no es estrictamente necesario, ya que la piel contiene más nutrientes que la pulpa.

¿SABÍA QUE...?

El corazón del tomate es rico en salicilatos, compuestos afines a la aspirina a los que algunas personas son alérgicas y pueden provocar problemas respiratorios.

VALOR NUTRICIONAL DE 100 G DE TOMATE

Kilocalorías	18
Proteínas	0,9 g
Grasas	0,2 g
Hidratos de carbono	3,9 g
Fibra	1,2 g
Vitamina C	12,7 mg
Potasio	237 mg
Licopeno	2573 mcg
Luteína/Zeaxantina	123 mcg

Ensalada caliente de tomate y albahaca

PARA 6

700 g de tomates (jitomates)
   cherry

1 diente de ajo majado

2 cucharada de alcaparras
   escurridas y enjuagadas

1 cucharadita de azúcar

4 cucharadas de aceite de oliva

2 cucharadas de hojas de albahaca
   desmenuzadas

Preparación

1 Precaliente el horno a 200 °C.

2 Mezcle los tomates con el ajo, las alcaparras y el azúcar en un bol y páselos a una fuente refractaria. Rocíelos con el aceite y mézclelo bien.

3 Ase los tomates en el horno precalentado 10 minutos, hasta que estén calientes.

4 Sáquelos del horno y páselos a una ensaladera refractaria. Esparza la albahaca por encima y sirva la ensalada enseguida.

47 SETAS

Las setas constituyen una aporte importante para una dieta saludable. Silvestres o cultivadas, son ricas en nutrientes que combaten las enfermedades.

Las setas son una de las fuentes más valiosas de selenio, un antioxidante muy beneficioso para la mujer en la menopausia. Este mineral mantiene sanos la piel y el cabello y activa la tiroides. También es antiinflamatorio, por ello la falta de selenio en el organismo se relaciona con una mayor incidencia de artritis.

Las setas también son una buena fuente de colina, una sustancia similar a las vitaminas que regula el colesterol. Las variedades asiáticas, como la shiitake, suelen contener más fitoquímicos y nutrientes que las cultivadas más blancas, como el champiñón. Son muy ricas en vitamina B, incluida niacina, que es imprescindible para transformar los alimentos en energía, y contienen lentinan, el valioso compuesto que refuerza el sistema inmunológico y previene el cáncer.

• Mantiene la piel, el cabello y la tiroides en buen estado.
• Disminuye la incidencia de cáncer de mama hormonodependiente.
• Combate otros tipos de cáncer.

Consejos prácticos:

Las setas frescas pequeñas se comen crudas o salteadas con aceite de oliva, o de sésamo para los platos asiáticos. Son un buen sustituto de la carne para los vegetarianos y potencian el sabor de los guisos. Para conservarlas frescas, refrigérelas dentro de una bolsa de papel, ya que en contacto con el plástico se pudrirían enseguida.

¿SABÍA QUE...?

Las setas son hongos, lo que significa que obtienen la energía para crecer de otras materias vegetales y no de la fotosíntesis.

VALOR NUTRICIONAL DE 100 G DE CHAMPIÑONES PORTOBELLO

Kilocalorías	22
Proteínas	2 g
Grasas	0,3 g
Hidratos de carbono	3,8 g
Fibra	1,3 g
Niacina	4,5 mg
Potasio	364 mg
Hierro	0,3 mg
Selenio	18,6 mcg
Colina	21,2 mg

Champiñones con salsa de tomate

PARA 4

1 cucharada de aceite de girasol
o de oliva

1 cebolla picada

1 guindilla (chile) verde picada
(sin pepitas si lo desea)

2 cucharaditas de pasta de ajo

1 cucharadita de comino molido

1 cucharadita de cilantro molido

½ cucharadita de guindilla (chile)
molida

280 g de champiñones en láminas
gruesas

1 cucharada de concentrado
de tomate

3 cucharadas de agua

sal

1 cucharada de cebollino troceado,
para adornar

Preparación

1 Caliente el aceite a fuego medio en una cazuela. Sofría la cebolla
y la guindilla, removiendo a menudo, 5 o 6 minutos, hasta que la
cebolla se ablande pero no se dore. Eche la pasta de ajo y
remueva 2 minutos.

2 Incorpore el comino, el cilantro y la guindilla molida y remueva
1 minuto. Agregue los champiñones, ½ cucharadita de sal y el
concentrado de tomate y mézclelo todo bien.

3 Vierta el agua sobre los champiñones y baje el fuego al mínimo.
Tape la cazuela y déjelo al fuego 10 minutos más, removiendo en
mitad de la cocción. La salsa debería haberse espesado: si aún
estuviera demasiado líquida, cuézalo con la cazuela destapada
3 o 4 minutos más, o hasta que se evapore un poco más.
Repártalo entre 4 platos, adórnelo con el cebollino y sírvalo.

48 GUISANTES

Frescos o congelados, los guisantes son ricos en vitamina C para el corazón, vitamina K para los huesos y ácido fólico para prevenir apoplejías.

De la familia de las leguminosas, como las lentejas, contienen más proteínas que cualquier otra hortaliza. Como además son ricos en fibra, pese al contenido en azúcar que les confiere su dulzor característico registran un índice glucémico bajo y se recomiendan en casos de diabetes y dietas de adelgazamiento. También contienen antioxidantes que previenen la diabetes. Buena parte de la fibra es pectina, un tipo de fibra soluble que reduce el colesterol y previene cardiopatías y apoplejías. Los fenoles y flavonoides de los guisantes protegen el corazón, mientras que la luteína y la zeaxantina, dos carotenos, previenen la degeneración mental asociada a la edad. Asimismo contienen triptófano, un aminoácido que favorece la producción de serotonina en el cerebro, que es relajante e induce al sueño.

- Excelentes en casos de diabetes y dietas de adelgazamiento.
- Contienen varios nutrientes y fitoquímicos cardiosaludables.
- Ricos en carotenos que protegen la vista.
- Buena fuente de triptófano, que relaja e induce al sueño.

Consejos prácticos:

Elija guisantes frescos y tiernos. Los guisantes y los tirabeques crudos conservan mejor la vitamina C, aunque de esta forma el organismo no absorbe tan bien los carotenos. Para cocinarlos sin desperdiciar la vitamina C, cuézalos al vapor o en el microondas.

¿SABÍA QUE...?

Los tirabeques comparten muchos nutrientes con los guisantes, aunque contienen más vitamina C y menos proteínas.

VALOR NUTRICIONAL DE 100 G DE GUISANTES

Kilocalorías	81
Proteínas	5,4 g
Grasas	0,4 g
Hidratos de carbono	14,5 g
Fibra	5,1 g
Vitamina C	40 mg
Ácido fólico	65 mcg
Magnesio	33 mg
Potasio	244 mg
Hierro	1,5 mg
Luteína/Zeaxantina	2477 mcg

Tortitas de guisantes

PARA 4

*275 g de harina integral
  con levadura*
2 huevos batidos
500 ml de leche semidesnatada
*300 g de guisantes (arvejas)
  descongelados*
el zumo (jugo) de ½ limón
3 cucharadas de menta picada
2 cucharadas de aceite de oliva
sal y pimienta
hojas de menta, para adornar

Preparación

1 Ponga la harina en un bol e incorpore poco a poco el huevo batido
y la leche hasta obtener una pasta espesa.

2 Incorpore los guisantes, el zumo de limón y la menta y salpimiente
generosamente.

3 Caliente el aceite en una sartén y eche con cuidado cucharadas
de la pasta en el aceite. Fría las tortitas 2 o 3 minutos por cada lado
hasta que se doren. Retírelas con una espumadera y resérvelas
calientes mientras fríe las demás.

4 Apile las tortitas en una fuente precalentada y sírvalas enseguida,
adornadas con hojas de menta.

49 ESPINACAS

Las espinacas contienen numerosos nutrientes protectores, como vitamina K para los huesos, y vitaminas C y E para la piel y el cerebro.

VALOR NUTRICIONAL DE 100 G DE ESPINACAS

Kilocalorías	23
Proteínas	2,9 g
Grasas	0,4 g
Hidratos de carbono	3,6 g
Fibra	2,2 g
Vitamina C	28 mg
Ácido fólico	194 mcg
Vitamina E	2 mg
Vitamina K	482 mcg
Potasio	558 mg
Magnesio	79 mg
Calcio	99 mg
Hierro	2,7 mg
Betacaroteno	5626 mcg
Luteína/Zeaxantina	12 198 mcg

Las espinacas contienen flavonoides que previenen el cáncer de piel y de mama, entre otros. También son muy ricas en carotenos, sobre todo betacaroteno, que previene el cáncer, y luteína y zeaxantina, que protegen la vista. Son una excelente fuente de vitamina K, que fortalece los huesos y previene la osteoporosis, y de vitamina C, otro antioxidante que mejora el estado de ánimo y favorece la absorción de minerales por parte del organismo. El contenido relativamente alto de vitamina E mejora los problemas de piel seca y la sequedad vaginal, y protege el cerebro de la degeneración mental asociada a la edad. Las espinacas también sonbuenas para el corazón. Una ración contiene el consumo diario recomendado de ácido fólico, que reduce el nivel de homocisteína en la sangre y protege las arterias. Además, contienen péptidos, que bajan la tensión arterial, y fibra, que favorece la regularidad intestinal.

- Flavonoides y carotenos para prevenir el cáncer de mama, entre otros.
- La vitamina K favorece la densidad ósea.
- Contienen carotenos, que son excelentes para la salud mental.
- Ricas en ácido fólico, que previene cardiopatías.

Consejos prácticos:
Aumentará la absorción de caroteno si aliña las espinacas o las saltea con un poco de aceite. Para conservar los antioxidantes, cuézalas al vapor o saltéelas. Deseche las hojas amarillentas.

Ensalada de marisco y espinacas

PARA 4

500 g de mejillones limpios
  y sin las barbas
100 g de gambas (camarones)
  peladas y sin el hilo intestinal
350 g de vieiras
500 g de hojas tiernas de espinaca
4 cucharadas de agua
3 cebolletas (cebolletas tiernas)
  en rodajitas

Aliño

4 cucharadas de aceite de oliva
  virgen extra
2 cucharadas de vinagre de vino
  blanco
1 cucharada de zumo (jugo)
  de limón
1 cucharadita de ralladura fina
  de limón
1 diente de ajo picado
1 cucharada de jengibre rallado
1 pimiento (ají) rojo pequeño sin
  las pepitas y en dados
1 cucharada de cilantro picado
sal y pimienta

Preparación

1 Deseche los mejillones que
estén rotos o los que no se
cierren al darles un golpecito.
Póngalos en una olla con un
poco de agua, llévelos a
ebullición y cuézalos
4 minutos a fuego fuerte.
Escúrralos, reservando el
caldo. Deseche los mejillones
que no se hayan abierto.
Devuelva el caldo reservado la
olla y llévelo a ebullición.

Añada las gambas y las vieiras
y cuézalas 3 minutos.
Escúrralas. Separe los
mejillones de las valvas.
Enjuague el marisco con agua
fría, escúrralo y póngalo en un
bol. Déjelo enfriar, tápelo con
film transparente y refrigérelo
45 minutos.

2 Mientras tanto, enjuague las
hojas de espinaca y póngalas
en una cazuela con
4 cucharadas de agua.
Cuézalas a fuego fuerte
1 minuto y después cuélelas.
Refrésquelas con agua fría y
escúrralas.

3 Para preparar el aliño, mezcle
todos los ingredientes en un
cuenco.

4 Reparta las espinacas entre
4 platos y esparza la mitad
de la cebolleta por encima.
Añada el marisco y, por
último, la cebolleta restante.
Aliñe la ensalada y sírvala.

50 CALABAZA

La calabaza de pulpa naranja es rica
en carotenos, poderosos compuestos que
previenen el cáncer y otras enfermedades
y mejoran el estado de la piel.

La calabaza pertenece a la misma familia que el pepino y el melón.
Las variedades de pulpa naranja, como la vinatera, concentran la
mayor cantidad de carotenos beneficiosos. La calabaza vinatera
es una de las mejores fuentes de beta-criptoxantina, un caroteno
asociado a la prevención del cáncer. La calabaza es uno de los
tres alimentos que contienen más luteína y zeaxantina, dos
carotenos que previenen la degeneración mental asociada a la
edad. Los otros carotenos reducen la inflamación relacionada con
la artritis y la arteriosclerosis. La calabaza también es una
excelente fuente de vitaminas C y E, que aumentan la libido y
mantienen la piel firme. El calcio, el hierro y el manganeso, que
también están presentes en buenas cantidades, refuerzan los
huesos, aumentan la energía y potencian el rendimiento mental.

- Los carotenos previenen el cáncer.
- Rica en compuestos que previenen la degeneración mental
  asociada a la edad.
- Reduce la inflamación y los síntomas de la artritis.
- Vitaminas para aumentar la libido y la producción de colágeno.
- Minerales para favorecer la densidad ósea.

Consejos prácticos:
Los carotenos de la calabaza se absorben mejor con un poco de
aceite, tanto si la sirve con picatostes como si la cuece al vapor.
La calabaza se conserva hasta seis meses en un lugar frío y seco.

¿SABÍA QUE...?

Las semillas de la calabaza
son ricas en nutrientes y
pueden lavarse, secarse
y comerse como las pipas
de calabaza que se venden
envasadas.

VALOR NUTRICIONAL DE 150 G DE CALABAZA

Kilocalorías	68
Proteínas	1,5
Grasas	Trazas
Hidratos de carbono	17,5 g
Fibra	3 g
Vitamina C	31 mg
Niacina	1,8 mg
Ácido fólico	41 mcg
Vitamina E	2,2 mg
Potasio	528 mg
Calcio	72 mg
Hierro	1 mg
Magnesio	51 mg
Betacaroteno	6339 mcg
Beta-criptoxantina	5027 mcg

Calabaza salteada

PARA 4

3 cucharadas de aceite de
  cacahuete (cacahuate)

1 kg de calabaza vinatera pelada
  y en dados

1 cebolla en rodajas

2 dientes de ajo majados

1 cucharadita de semillas
  de cilantro

1 cucharadita de semillas
  de comino

2 cucharadas de cilantro picado,
  y un poco más para adornar

150 ml de leche de coco baja
  en grasa

100 ml de agua

100 g de anacardos (castañas
  de cajú) sin sal

rodajas de lima (limón), para servir

Preparación

1 Caliente el aceite en un wok grande precalentado. Saltee la
   calabaza, la cebolla y el ajo 5 minutos.

2 Incorpore las semillas de cilantro y de comino y el cilantro picado,
   y saltéelo todo 1 minuto.

3 Vierta la leche de coco y el agua y llévelo a ebullición. Tape el wok
   y déjelo hervir a fuego lento de 10 a 15 minutos, o hasta que la
   calabaza esté tierna.

4 Incorpore los anacardos.

5 Reparta el salteado entre 4 boles y adórnelo con cilantro picado.
   Sírvalo con rodajas de lima para que los comensales lo aliñen
   a su gusto.

51

PIMIENTOS

Los rojos y naranjas concentran la mayor cantidad de la treintena de carotenos que protegen el corazón y la piel y previenen el cáncer.

Los pimientos rojos, morados y naranjas concentran la máxima cantidad de carotenos, que han sido objeto de rigurosos estudios por sus propiedades anticancerígenas. Los carotenos también son beneficiosos para el corazón, las arterias, la vista y la piel. El pimiento es rico en vitaminas C y E, que protegen el corazón y mejoran el estado de la piel y la memoria en edades avanzadas. Todo apunta a que cuando un alimento contiene vitaminas C y E y carotenos, estas tres sustancian interactúan en el organismo, potenciando su efecto. Otros compuestos vegetales del pimiento son los fenoles y los esteroles, que previenen el cáncer.

- Una de las mejores fuentes de los tres antioxidantes —carotenos y vitaminas C y E— que interactúan en el organismo.
- El consumo habitual protege la memoria y la piel.
- Varios componentes con propiedades anticancerígenas y protectoras de la arteriosclerosis.

Consejos prácticos:

El caroteno se absorbe más fácilmente si los pimientos se cuecen o se aliñan con aceite. Saltéelos con cebolla roja para preparar una guarnición o áselos al horno. Elija pimientos lo más maduros posible para aprovechar al máximo los carotenos y la vitamina C. Puede congelarlos una vez despepitados y cortados en rodajas.

¿SABÍA QUE...?

El pimiento pertenece a la familia de la guindilla. El pimentón dulce se obtiene de pimientos dulces y el picante, de guindillas.

VALOR NUTRICIONAL DE 100 G DE PIMIENTO ROJO

Kilocalorías	31
Proteínas	1g
Grasas	0,3 g
Hidratos de carbono	6 g
Fibra	2 g
Vitamina C	128 mg
Ácido fólico	46 mcg
Niacina	0,98 mg
Vitamina B6	0,3 mg
Vitamina E	1,6 mg
Potasio	211 mg
Hierro	0,4 mg
Betacaroteno	1624 mcg
Beta-criptoxantina	490 mcg
Luteína/Zeaxantina	51 mcg

Pollo con pimiento

PARA 4

8 muslos de pollo sin piel

2 cucharadas de harina integral

2 cucharadas de aceite de oliva

1 cebolla pequeña en rodajitas

1 diente de ajo majado

1 pimiento (ají) grande rojo,
*   1 amarillo y 1 verde sin pepitas*
*   y en tiras finas*

400 g de tomate (jitomate)
*   troceado en conserva*

1 cucharada de orégano fresco
*   picado, y un poco más para*
*   adornar*

sal y pimienta

pan, para acompañar

Preparación

1 Reboce el pollo con harina, sacudiéndolo para retirar la que no se haya adherido. Caliente el aceite en una sartén grande y fría el pollo hasta que esté un poco dorado. Sáquelo de la sartén y resérvelo.

2 Sofría la cebolla a fuego lento hasta que se ablande. Eche el ajo, el pimiento, el tomate y el orégano. Llévelo a ebullición, removiendo.

3 Disponga el pollo sobre las hortalizas, salpimiente generosamente, tape la sartén herméticamente y cuézalo de 20 a 25 minutos. Déjelo al fuego hasta que el pollo esté tierno y al pinchar la parte más carnosa con una brocheta salga un jugo claro.

4 Rectifique la sazón. Adórnelo con orégano picado y sírvalo con pan.

52

CEBOLLAS

Las cebollas son excelentes en la menopausia porque contienen compuestos que combaten enfermedades y nutrientes que mejoran el estado de la piel.

El olor y el sabor acres de la cebolla se deben a los compuestos de azufre, que previenen los tipos de cáncer más habituales en la mediana edad, como el de mama y el de ovarios. La cebolla, sobre todo si es roja, también contiene flavonoides como la quercetina, que retiene el colágeno —que disminuye en la menopausia— en la piel, y taninos, que previenen cardiopatías, hipercolesterolemia y cáncer. Además, es muy rica en cromo, un oligoelemento que favorece la respuesta de las células a la insulina y previene la diabetes de tipo 2. La cebolla es una excelente fuente de vitamina C, que también favorece la producción de colágeno y protege el cerebro, los huesos y la piel. Todas las variedades ejercen una acción antiinflamatoria y refuerzan el sistema inmunológico.

- Ricas en compuestos y nutrientes que favorecen la producción de colágeno y mejoran el estado de la piel.
- Compuestos de azufre que previenen el cáncer y nutrientes que protegen el corazón.
- Regulan la respuesta a la insulina, previniendo la diabetes.

Consejos prácticos:

Las cebollas se conservan varias semanas en una despensa fría y seca. Los flavonoides se concentran en las capas más externas, por lo que hay que pelarlas lo menos posible. Cuando las sofría, no las dore demasiado para conservar los compuestos de azufre.

¿SABÍA QUE...?

Según los estudios, para aprovechar todas las propiedades de la cebolla hay que consumir una ración al día de unos 100 g. Esta cantidad se cubre fácilmente con una ración de algún guiso o de sopa de cebolla.

VALOR NUTRICIONAL DE UNA CEBOLLA MEDIANA

Kilocalorías	**63**
Proteínas	**1,4 g**
Grasas	**Trazas**
Hidratos de carbono	**15 g**
Fibra	**2,1 g**
Vitamina C	**9,6 mg**
Ácido fólico	**29 mcg**
Calcio	**33 mg**
Potasio	**216 mg**
Magnesio	**28 mg**
Selenio	**0,8 mcg**
Cromo	**24 mcg**

Sopa de cebolla con crujiente de parmesano

PARA 4

20 g de mantequilla

2 cucharadas de aceite de oliva

1 cucharadita de azúcar moreno

750 g de cebollas en rodajas finas

3 dientes de ajo en rodajas finas

2 ramitas de tomillo fresco,
*   y algunas más para adornar*

1 cucharada de brandy

1 litro de caldo de carne

100 ml de vino blanco

75 g de parmesano rallado

Preparación

1   Caliente la mantequilla y el aceite en una sartén a fuego fuerte e incorpore el azúcar, la cebolla, el ajo y el tomillo. Rehóguelo, removiendo de vez en cuando, hasta que la cebolla empiece a caramelizarse y a oscurecer el fondo de la sartén. Baje el fuego y prosiga con la cocción unos 20 minutos, removiendo.

2   Vierta el brandy y deje que la cebolla lo absorba antes de verter el caldo y el vino. Llévelo a ebullición y cuézalo a fuego lento 1 hora. Precaliente el horno a 200 ºC y forre la bandeja del horno con papel vegetal.

3   Forme montoncitos de 2 cucharadas de parmesano cada uno en la bandeja y derrítalo en el horno precalentado 4 o 5 minutos. Sáquelo del horno, déjelo enfriar un poco y desprenda el papel.

4   Reparta la sopa entre 4 bolos y adórnela con unas ramitas de tomillo. Sírvala con el crujiente de parmesano aparte.

Carne, pescado y lácteos

Es fácil pasar por alto la importancia de alimentos ricos en proteínas como la carne roja, las aves, el pescado, el marisco y los lácteos en la dieta. No obstante, desde el punto de vista nutricional, todos ellos resultan beneficiosos para neutralizar los síntomas de la menopausia y garantizar un buen estado de salud en general. Este grupo de alimentos aporta nutrientes que difícilmente podrían encontrarse en otros.

(L) Ayuda a mantener la línea

(F) Fuente de fibra

(H) Fortalece y protege los huesos

(C) Saludable para el corazón

(A) Mejora el estado anímico

(P) Bueno para la piel

53 POLLO

La pechuga de pollo sin piel es una de las mejores fuentes animales de proteínas de alta calidad. Es baja en grasa y calorías pero contiene una gran variedad de nutrientes.

El pollo sin piel es una fuente de proteínas muy poco grasa, sobre todo la pechuga. De la grasa que contiene el pollo, casi la mitad es monoinsaturada y solo una cuarta parte es saturada. El pollo es muy rico en niacina (vitamina B3) y colina, que bajan el colesterol y mejoran el perfil de grasas en la sangre, por lo que es buena para el corazón. Como las otras proteínas animales, se considera una «proteína de alta calidad» porque contiene los nueve aminoácidos esenciales que necesita el organismo, al contrario que las fuentes vegetales. En edades avanzadas, el aporte proteínico es esencial para mantener la masa muscular, que tiene tendencia a disminuir. La pérdida de músculo es una de las razones por las que la tasa metabólica se ralentiza con la edad y, en consecuencia, se gana peso. El pollo es rico en selenio, que además de levantar el ánimo es un potente mineral anticancerígeno, por lo que reduce la incidencia de cáncer en la mediana edad y la vejez.

- Fuente de proteínas de alta calidad baja en grasa que mantiene la masa muscular y la tasa metabólica.
- Contiene varios nutrientes saludables pra el corazón.
- Selenio para levantar el ánimo y prevenir cáncer.

Consejos prácticos:

Para preparar el pollo de forma saludable, escálfelo, cuézalo al vapor o añádalo a guisos. El asado a la plancha o en la barbacoa genera carcinógenos que, a la larga, podrían resultar perjudiciales. Cueza el pollo muy bien para evitar intoxicaciones alimentarias.

¿SABÍA QUE...?

Los pollos de producción ecológica o los que se crían en libertad contienen más grasas poliinsaturadas beneficiosas y menos grasas saturadas.

VALOR NUTRICIONAL DE 100 G DE PECHUGA DE POLLO

Kilocalorías	114
Proteínas	21 g
Grasas	2,6 g
Niacina	10,4 mg
Vitamina B12	0,2 mg
Vitamina B6	0,7 mg
Vitamina D	5 UI
Colina	73 mg
Calcio	5 mg
Hierro	0,4 mg
Magnesio	26 mg
Potasio	370 mg
Cinc	0,6 mg
Selenio	32 mcg
Fósforo	210 mg

Pollo con pasas, piñones y cuscús

PARA 1

unas hebras de azafrán

50 g de cuscús

2 cucharaditas de pasas sultanas

125 ml de caldo de pollo

   o de verduras hirviendo

1 filete de pechuga de pollo,

   unos 100 g, en 8 tiras

40 g de maíz (elote) en conserva

1 cucharadita de piñones

10 tomates cherry cortados

   en cuartos

2 cebolletas (cebolletas tiernas)

   picadas

hojas de cilantro, para adornar

Aliño

1 cucharadita de hojas de cilantro

   picadas

el zumo (jugo) de ½ limón

1 cucharadita de aceite de oliva

Preparación

1 Ponga el azafrán, el cuscús y las pasas en un bol refractario y cúbralos con el caldo hirviendo. Remuévalo una vez y déjelo 15 minutos en remojo.

2 Mientras tanto, bata los ingredientes del aliño.

3 En una sartén antiadherente precalentada, dore las tiras de pollo a fuego fuerte unos 4 minutos. Baje el fuego a temperatura media, eche el maíz y los piñones y prosiga con la cocción 2 minutos más, removiendo un par de veces. Aparte el pollo de la sartén y resérvelo.

4 Esponje el cuscús con un tenedor y póngalo en la sartén con los tomates, el aliño y la cebolleta. Déjelo 1 minuto al fuego, o hasta que se calienten los ingredientes, removiendo con cuidado.

5 Póngalo en un plato, añada el pollo y adórnelo con hojas de cilantro.

54 BUEY

La carne magra de buey es una rica fuente de proteínas de alta calidad. También contiene minerales y vitaminas que aportan vitalidad y protegen la salud en la menopausia.

En general, las mujeres preocupadas por su salud creen erróneamente que la carne roja es rica en grasas saturadas y resulta «perjudicial». De hecho, el buey magro —sobre todo criado en libertad— es más bajo en grasas totales y saturadas que muchos otros alimentos, y un par de raciones a la semana se toleran bien. Asimismo, contiene pocas calorías, es rico en proteínas y basta una pequeña ración para saciar el apetito durante mucho tiempo. Al parecer las dietas ricas en proteínas aceleran el metabolismo, otra ventaja para recomendar el buey a las mujeres preocupadas por su peso. También es una de las mejores fuentes de varias vitaminas del grupo B que protegen el corazón, las arterias y el sistema nervioso. Contiene varios minerales, incluido hierro, que en la menopausia potencia la vitalidad y el rendimiento mental; cinc, que aumenta la libido, neutraliza los sofocos y mejora el estado de la piel, y selenio, que combate la depresión y el desánimo.

- Rico en proteínas para acelerar el metabolismo y mantener la línea.
- Rico en vitaminas del grupo B para mejorar la salud en general.
- Mantiene la vitalidad, aumenta la libido y combate los sofocos y la depresión.

¿SABÍA QUE...?

El buey criado en libertad contiene un ácido linoleico conjugado (CLA), un tipo de grasa que podría reducir el colesterol, mantener limpias las arterias y acelerar el metabolismo.

VALOR NUTRICIONAL DE 100 G DE BUEY MAGRO

Kilocalorías	117
Proteínas	23 g
Grasas	2,7 g
Niacina	6,7 mg
Vitamina B12	1,3 mg
Vitamina B6	0,6 mg
Colina	65 mg
Calcio	9 mg
Hierro	1,8 mg
Magnesio	23 mg
Potasio	342 mg
Cinc	3,6 mg
Selenio	21 mcg
Fósforo	212 mg

Consejos prácticos:

Elija cortes magros y retire la grasa antes de cocinarlos. Pruebe a adobar unos dados de carne, ensartarlos en unas brochetas en alternancia con hortalizas y asarlos un poco.

Buey picante con sésamo

PARA 4

*500 g de solomillo de buey (vaca)
en tiras finas*

*1½ cucharadas de semillas
de sésamo*

125 ml de caldo de carne

*2 cucharadas de salsa clara
de soja*

2 cucharadas de jengibre rallado

2 dientes de ajo picados

1 cucharadita de maicena

*½ cucharadita de copos
de guindilla*

3 cucharadas de aceite de sésamo

1 brécol (brócoli) grande en ramitos

1 pimiento (ají) naranja en tiras finas

*1 guindilla (chile) roja despepitada
y en rodajitas*

*1 cucharada de aceite a la guindilla
(chile) (opcional)*

*1 cucharada de cilantro picado,
para adornar*

*arroz salvaje cocido,
para acompañar*

Preparación

1 Mezcle la carne con 1 cucharada de las semillas de sésamo en un cuenco. En un bol, bata el caldo con la salsa de soja, el jengibre, el ajo, la maicena y los copos de guindilla.

2 Caliente 1 cucharada del aceite de sésamo en una sartén grande o un wok y saltee la carne 2 o 3 minutos. Retírela y resérvela.

3 Deseche el aceite del wok y límpielo con papel de cocina para retirar las semillas de sésamo que pudieran quedar. Caliente el aceite restante y saltee el brécol, el pimiento, la guindilla y, si lo desea, el aceite de guindilla 2 o 3 minutos. Vierta el caldo condimentado, tápelo y cuézalo a fuego lento 2 minutos.

4 Devuelva la carne a la sartén y prosiga con la cocción, removiendo de vez en cuando, hasta que la salsa se espese. Déjelo en el fuego un par de minutos más.

5 Esparza las semillas de sésamo restantes por encima. Sírvalo sobre un lecho de arroz salvaje cocido y adórnelo con cilantro picado.

CERDO

Pese a su mala fama como alimento graso y calórico, si elige el corte magro adecuado el cerdo es una excelente fuente de proteínas y nutrientes.

VALOR NUTRICIONAL DE 100 G DE SOLOMILLO DE CERDO

Kilocalorías	109
Proteínas	21 g
Grasas	2,2 g
Niacina	6,7 mg
Vitamina B12	0,5 mg
Vitamina B6	0,8 mg
Vitamina D	8 UI
Colina	80 mg
Calcio	5 mg
Hierro	1 mg
Magnesio	27 mg
Potasio	399 mg
Cinc	1,9 mg
Selenio	31 mcg
Fósforo	247 mg

Si busca proteína magra de alta calidad, elija solomillo o filetes de pierna. Contienen menos grasa que el buey, el pollo o el pavo magros, y la proporción de grasas monoinsaturadas saludables es superior a la de grasas saturadas. El cerdo magro es rico en colina y vitaminas del grupo B, que protegen las arterias del colesterol y, por tanto, previenen enfermedades cardiovasculares. También es muy rico en potasio, que actúa como un diurético natural al reducir la retención de líquidos y regular la tensión arterial. Además, es una buena fuente de cinc, que regula las hormonas y neutraliza síntomas de las menopausia como sofocos y sudoración nocturna. Asimismo contiene hierro, la mitad del cual es hematina, un tipo de hierro que se absorbe más fácilmente.

- Fuente excelente de proteínas magras de alta calidad.
- Rico en potasio para regular la tensión arterial.
- Contiene varios nutrientes saludables para el corazón.
- El cinc regula las hormonas y la hematina, el patrón sanguíneo.

Consejos prácticos:
El solomillo o el filete de pierna de cerdo pueden ensartarse en brochetas o prepararse como un bistec. Los filetes muy finos pueden añadirse a los salteados. El cerdo magro se conserva hasta un año en el congelador. Se recomienda no consumir más de 500 g de carne roja a la semana, ya que el consumo elevado está relacionado con el aumento de cardiopatías.

Solomillo de cerdo a la canela

PARA 4

450 g de solomillo de cerdo
  en dados
1 cucharada de ghee o aceite
  vegetal
1 cebolla grande en rodajas
1 trozo de jengibre de 5 cm picado
4 dientes de ajo picados
1 rama de canela
6 vainas de cardamomo verde
6 clavos
2 hojas de laurel
175 ml de agua
sal

Adobo

1 cucharadita de cilantro molido
1 cucharadita de comino molido
1 cucharadita de guindilla (chile)
  molida
150 ml de yogur

Preparación

1 Para preparar el adobo, mezcle el cilantro con el comino, la guindilla y el yogur en un cuenco. Ponga la carne en una fuente llana que no sea metálica y úntela bien con el adobo. Tápela con film transparente y déjela macerar en el frigorífico 30 minutos.

2 Derrita el ghee en una cazuela grande de base gruesa. Sofría la cebolla a fuego lento, removiendo de vez en cuando, 5 minutos o hasta que se ablande. Añada el jengibre, el ajo, la canela, el cardamomo, el clavo y el laurel y remueva 2 minutos, o hasta que las especias desprendan aroma. Incorpore la carne con su adobo y el agua y sálelo. Llévelo a ebullición, baje el fuego, tápelo y cuézalo 30 minutos.

3 Retire y deseche el laurel. Pase el guiso a un wok precalentado o una sartén grande de base gruesa y prosiga con la cocción a fuego lento, sin dejar de remover, hasta que esté seco y la carne, tierna. Si hiciera falta, rocíelo de vez en cuando con un poco de agua, para que no se pegue. Sírvalo enseguida.

56 PAVO

El pavo sin piel contiene poca grasa
y numerosos nutrientes, incluido un
aminoácido que aporta bienestar e induce
al sueño.

El pavo es una alternativa rica en proteínas al pollo, con un sabor más intenso. La carne oscura (sin piel) contiene más nutrientes saludables que la blanca. Esta parte del pavo es más rica en hierro que el pollo o el cerdo. El hierro es esencial en la perimenopausia para sustituir los glóbulos rojos y, en la menopausia, para mejorar el rendimiento mental y potenciar la memoria y la concentración. El pavo es uno de los alimentos más ricos en cinc, el antioxidante que regula las hormonas femeninas y alivia los sofocos y los cambios de humor. El cinc también es responsable del buen estado de la piel. Como otras fuentes de proteína animal, el pavo es una buena fuente de triptófano, el aminoácido que combate la depresión e induce al sueño. En el cerebro, el triptófano se convierte en serotonina, que produce un efecto relajante, y en melatonina, la hormona que regula la conducta del sueño.

- Fuente de proteínas baja en grasa y rica en nutrientes.
- Rico en hierro y cinc.
- Contiene triptófano, que altera la química cerebral para favorecer el bienestar y regular la conducta del sueño.

Consejos prácticos:

El pavo puede sustituir el cerdo o el pollo prácticamente en todas las recetas. No es necesario que compre un pavo entero. Pruebe a hacer un salteado con muslos y otros partes de pavo.

¿SABÍA QUE...?

El pavo es originario de México y lo introdujo Cristóbal Colón en Europa en 1519.

VALOR NUTRICIONAL DE 100 G DE CARNE DE PAVO SIN PIEL

Kilocalorías	111
Proteínas	20,5 g
Grasas	2,7 g
Niacina	3 mg
Vitamina B12	0,4 mg
Vitamina B6	0,4 mg
Calcio	13 mg
Hierro	1,7 mg
Magnesio	22 mg
Potasio	244 mg
Cinc	2,7 mg
Selenio	28,6 mcg
Fósforo	171 mg

Brochetas de pavo con pesto al cilantro

PARA 4

*4 filetes de pavo, de unos 115 g,
   en dados de 5 cm*

*2 calabacines (zapallitos) en rodajas
   gruesas*

*1 pimiento (ají) rojo y 1 amarillo sin
   pepitas y en dados de 5 cm*

8 tomates (jitomates) cherry

8 cebollitas peladas

Adobo

6 cucharadas de aceite de oliva

3 cucharadas de vino blanco seco

*1 cucharadita de granos de
   pimienta verde machacados*

2 cucharadas de cilantro picado

sal

Pesto al cilantro

55 g de hojas de cilantro

15 g de hojas de perejil

1 diente de ajo

55 g de piñones

25 g de parmesano rallado

*6 cucharadas de aceite de oliva
   virgen extra*

el zumo (jugo) de 1 limón

Preparación

1 Ponga el pavo en un bol grande de cristal. Para preparar el adobo, mezcle en una jarra el aceite, el vino, los granos de pimienta y el cilantro. Sálelo. Vierta el adobo sobre el pavo y dele la vuelta para que impregne bien. Tápelo con film transparente y déjelo adobar 2 horas en el frigorífico.

2 Para preparar el pesto, triture bien el cilantro con el perejil en el robot de cocina o la batidora. Añada el ajo y los piñones y ponga el robot de nuevo en marcha hasta que queden bien picados. Agregue el parmesano, el aceite y el zumo de limón y tritúrelo todo unos instantes para que se mezclen bien. Pase el pesto a un bol, tápelo y refrigérelo hasta que vaya a servirlo.

3 Escurra el pavo, reservando el adobo. Ensártelo en alternancia con el calabacín, el pimiento, los tomates cherry y las cebollitas en 8 brochetas metálicas o de madera remojadas. Ase las brochetas bajo el gratinador a temperatura media-fuerte, dándoles la vuelta y rociándolas de vez en cunado con el adobo, 10 minutos o hasta que estén hechas. Sírvalas enseguida acompañadas del pesto al cilantro.

57 SALMÓN

El salmón es una excelente fuente de ácidos grasos omega-3, que contienen varias propiedades beneficiosas; además, es rico en vitaminas y minerales.

¿SABÍA QUE...?

El salmón ahumado debe consumirse solo ocasionalmente, ya que los estudios demuestran que podría aumentar la incidencia de cáncer. Buena parte del salmón que se vende es de piscifactoría y es más graso que el salvaje.

VALOR NUTRICIONAL DE 100 G DE FILETE DE SALMÓN DE PISCIFACTORÍA

Kilocalorías	183
Proteínas	19,9 g
Grasas	10,8 g
EPA	0,618 g
DHA	1,293 g
Niacina	7,5 g
Vitamina B6	0,6 mg
Vitamina B12	2,8 mcg
Ácido fólico	26 mcg
Vitamina E	1,9 mg
Potasio	362 mg
Selenio	36,5 mcg
Magnesio	28 mg
Cinc	0,4 mg

El salmón es la fuente importante de ácido eicosapentaenoico (EPA) y ácido docosahexaeonico (DHA), dos ácidos grasos omega-3 muy beneficiosos para la salud en la menopausia y la vejez. Previenen cardiopatías y apoplejías al neutralizar la formación de coágulos, así como la hipertensión y la hipercolesterolemia. Incluso podrían prevenir el alzhéimer. Los ácidos grasos omega-3 también combaten la depresión, la piel seca y la falta de libido. Varios estudios señalan la relación entre estos ácidos grasos y el rendimiento mental y la memoria. Los ácidos grasos omega-3 también tienen propiedades antiinflamatorias, por lo que podrían aliviar el dolor de la artritis y reducir su intensidad. El salmón es una fuente rica de selenio, que previene el cáncer y levanta el ánimo; vitaminas del grupo B, que calman la ansiedad y el nerviosismo; magnesio, que fortalece los huesos, y vitamina E, que protege el corazón y la piel.

• Previene cardiopatías, artritis y cáncer.
• Combate la depresión, la ansiedad y la falta de libido.
• Mantiene los huesos y la piel en buen estado.

Consejos prácticos:

Cueza el salmón poco, ya sea al vapor o escalfado. La cocción excesiva, sobre todo a la plancha, podría oxidar las grasas esenciales y crear radicales libres que dañaran las células. El salmón congelado conserva los aceites, vitaminas y minerales.

Salmón asado con limón a las hierbas

PARA 4

6 cucharadas de aceite de oliva
   virgen extra

1 cebolla en rodajas

1 puerro (poro) en rodajas

el zumo (jugo) de ½ limón

2 cucharadas de perejil picado

2 cucharadas de eneldo picado

4 filetes de salmón, 500 g en total

sal y pimienta

hojas tiernas de espinaca recién
   cocidas y gajos de limón,
   para acompañar

Preparación

1 Precaliente el horno a 200 °C. Caliente 1 cucharada del aceite en una sartén a fuego medio. Sofría la cebolla y el puerro, removiendo, unos 4 minutos o hasta que empiecen a ablandarse.

2 Mientras tanto, mezcle en un cuenco el aceite restante con el zumo de limón y las hierbas y salpimiente. Mézclelo bien. Enjuague el pescado con agua fría y séquelo con papel de cocina. Póngalo en una fuente llana refractaria.

3 Aparte la sartén del fuego y reparta el sofrito por encima del pescado. Rocíelo con el aceite aromatizado de modo que quede bien cubierto. Ase el pescado a media altura en el horno precalentado unos 10 minutos o hasta que esté en su punto.

4 Reparta las espinacas entre 4 platos. Saque el pescado del horno y dispóngalo sobre las espinacas. Sírvalo enseguida con gajos de limón.

58 CANGREJO

El cangrejo es uno de los mariscos más indicados para la menopausia. Contiene nutrientes saludables que previenen enfermedades en la mediana edad.

VALOR NUTRICIONAL DE 100 G DE CARNE DE CANGREJO

Kilocalorías	90
Proteínas	18,5 g
Grasas	4,3 g
Niacina	2,5 mg
Vitamina B12	9 mcg
Ácido fólico	44 mcg
Vitamina E	1,8 mg
Selenio	34,5 mcg
Magnesio	49 mg
Potasio	173 mg
Cinc	2,8 mg

La carne de cangrejo contiene nutrientes y componentes que mejoran el estado de ánimo. Las vitaminas del grupo B reducen la ansiedad y los cambios de humor, mientras que el selenio combate la depresión (además de prevenir el cáncer). El cangrejo es rico en triptófano, un aminoácido que se transforma en serotonina —una sustancia relajante— en el cerebro. Esto garantiza un sueño apacible y reduce la ansiedad y la depresión. El contenido elevado de cinc regula las hormonas femeninas y puede reducir los sofocos y los sudoración nocturna, mientras que la vitamina E y el selenio interactúan para mejorar el estado de la piel y aumentar la libido. La carne de cangrejo es muy rica en proteínas, que aceleran el metabolismo y resultan saciantes. También es baja en grasa y calorías, por lo que está muy indicada para mantener la línea.

- Nutrientes que mejoran el estado de ánimo y el sueño y calman la ansiedad.
- El cinc regula las hormonas y podría neutralizar síntomas de la menopausia como los sofocos.
- Una buena elección para mantener la línea.

Consejos prácticos:
La carne de cangrejo congelada conserva casi todos los nutrientes de la fresca, mientras que la envasada suele contener mucho sodio. Pruébela con ensalada verde aliñada con zumo de limón. Con un cangrejo entero obtendrá una ración de unos 100 g.

Tortitas de cangrejo

8 UNIDADES

1 trozo de jengibre de 2 cm rallado

2 guindillas (chiles) rojas
    despepitadas y en daditos

la ralladura de 1 limón

300 g de carne blanca de cangrejo

3 cebolletas (cebolletas tiernas)
    en rodajitas

1 cucharada de cilantro picado

2 huevos grandes

100 g de pan recién rallado

2 cucharadas de harina

2 cucharadas de aceite de oliva

hojas para ensalada,
    para acompañar

Preparación

1   Mezcle en un bol el jengibre con la guindilla, la ralladura de limón, la carne de cangrejo, la cebolleta, el cilantro, 1 huevo y la mitad del pan rallado. Forme 8 tortitas con la pasta.

2   Bata el huevo restante y póngalo en un plato llano. Esparza el pan rallado restante y la harina en sendos platos llanos.

3   Reboce las tortitas con harina, páselas por el huevo batido y, por último, rebócelas con el pan rallado. Refrigérelas 20 minutos.

4   Caliente el aceite en una sartén y fría las tortitas 4 o 5 minutos por cada lado, o hasta que se doren y estén crujientes. Sírvalas con hojas para ensalada.

59 ATÚN

El atún fresco es una buena fuente de ácidos grasos omega-3 y contiene antioxidantes saludables para el corazón. Además, es el alimento ideal para el estado

La carne consistente del atún es apreciada incluso por los carnívoros acérrimos y es fácil de preparar. Además, es saludable puesto que contiene los ácidos grasos omega-3 EPA y DHA, que según los estudios previenen la formación de coágulos asociados a la edad y, por tanto, es buena para el corazón. Asimismo, mejoran el rendimiento mental y alivian la depresión. El atún contiene otros tres nutrientes que mejoran el estado de ánimo. El primero es el triptófano, un aminoácido que se transforma en serotonina en el cerebro y produce serenidad. El segundo es el selenio, el antioxidante que alivia la depresión, y el tercero son las vitaminas del grupo B, que protegen el sistema nervioso.

- Ácidos grasos omega-3, que combaten las cardiopatías y la degeneración mental.
- Rico en triptófano, que levanta el ánimo.
- Selenio y vitaminas del grupo B para calmar la ansiedad y aliviar la depresión.

Consejos prácticos:

El atún fresco puede congelarse, bien envuelto, 3 o 4 semanas. Para conservar las propiedades de los ácidos grasos omega-3, no lo cocine demasiado. Escálfelo 3 minutos, trocéelo y añádalo a las ensaladas o el arroz, por ejemplo. O bien saltéelo 1 minuto con hortalizas y fideos o fríalo 1 minuto por cada lado.

VALOR NUTRICIONAL DE 100 G DE ATÚN

Kilocalorías	144
Proteínas	23 g
Grasas	4,9 g
EPA	0,4 g
DHA	1,2 g
Niacina	8,3 mg
Vitamina B6	0,5 mg
Vitamina B12	9,4 mcg
Vitamina E	1 mg
Potasio	252 mg
Selenio	36 mcg
Magnesio	50 mg
Hierro	1 mg
Cinc	0,82 mg

Atún con alubias blancas y alcachofas

PARA 6

Ingredientes

150 ml de aceite de oliva virgen

el zumo (jugo) de 1 limón

*½ cucharadita de copos
  de guindilla*

4 filetes finos de atún de 115 g

*225 g de alubias blancas
  (chícharos blancos) remojadas
  la noche anterior*

1 chalote (echalote) picado

1 diente de ajo majado

2 cucharaditas de romero picado

2 cucharadas de perejil picado

*4 corazones de alcachofa (alcaucil)
  en aceite cortados en cuartos*

*4 tomates (jitomates) maduros
  en gajos*

16 aceitunas negras deshuesadas

sal y pimienta molida gruesa

gajos de limón, para servir

Preparación

1 En una fuente llana, ponga 4 cucharadas del aceite, 3 cucharadas del zumo de limón, la guindilla y ¼ de cucharadita de pimienta. Añada el atún y déjelo marinar 1 hora a temperatura ambiente, dándole la vuelta de vez en cuando.

2 Mientras tanto, escurra las alubias, póngalas en una cazuela y cúbralas con agua. Lléveas a ebullición y hiérvalas a fuego fuerte 15 minutos. Baje un poco el fuego y cuézalas 30 minutos más, o hasta que estén tiernas pero no deshechas. Sálelas en los últimos 5 minutos de cocción.

3 Escurra las alubias y páselas a un bol. Antes de que se enfríen, alíñelas con 5 cucharadas del aceite e incorpore el chalote, el ajo, el romero, el perejil y el zumo de limón restante. Salpiméntelas. Déjelas reposar al menos 30 minutos para que los sabores se intensifiquen.

4 Caliente el aceite restante en una cazuela hasta que esté bien caliente. Añada el atún con la marinada y márquelo un par de minutos por cada lado a fuego vivo. Sáquelo de la cazuela y déjelo enfriar un poco.

5 Ponga las alubias en una fuente. Incorpore la alcachofa, el tomate y las aceitunas y rectifique la sazón de aceite, sal y pimienta. Desmenuce el atún y repártalo por encima. Sírvalo enseguida con gajos de limón.

60 SARDINAS

Las sardinas son un pescado económico muy beneficioso en la menopausia. Contienen aceites que aportan muchas ventajas para la salud.

Las sardinas contienen DHA y EPA, los ácidos grasos omega-3 que solo se encuentran en el pescado y el marisco. Ambos previenen o controlan enfermedades como la diabetes, la artritis, las cardiopatías y el alzhéimer, por ello son muy beneficiosas en la mediana edad y la vejez. Como también favorecen la concentración y la memoria, además de aliviar la depresión, las sardinas son una buena opción en la menopausia. Son uno de los pocos alimentos ricos en vitamina D, que favorece la absorción de calcio y mantiene los huesos sanos después de la menopausia. Las sardinas también son muy ricas en hierro, fundamental para la sangre, la vitalidad y el rendimiento mental. Además, son una fuente importante de vitamina E, un potente antioxidante que protege el corazón y la piel. Asimismo son muy ricas en selenio, que alivia la depresión y podría prevenir el cáncer.

- Fuente excelente de ácidos grasos omega-3, que previenen enfermedades.
- Los ácidos EPA y DHA favorecen la memoria y la concentración.
- Protegen los huesos y la piel y previenen el cáncer.
- Ricas en numerosos minerales y antioxidantes.

Consejos prácticos:
Si le molestan las espinas, compre las sardinas en filetes. Aun así, las espinas son comestibles y muy ricas en calcio. Las sardinas en conserva conservan la mayoría de nutrientes de las frescas.

¿SABÍA QUE...?

En proporción, las sardinas aportan más proteínas que la carne de buey, más potasio que los plátanos y más hierro que las espinacas hervidas.

VALOR NUTRICIONAL DE 3 SARDINAS MEDIANAS

Kilocalorías	280
Proteínas	33 g
Grasas	16 g
EPA	1,1 g
DHA	1,5 g
Niacina	7 mg
B12	15 mcg
Vitamina D	1108 UI (27,7 mcg)
Vitamina E	2,7 mg
Potasio	536 mg
Selenio	71 mcg
Magnesio	53 mg
Hierro	3,9 mg
Cinc	1,8 mg

Sardinas asadas con espinacas y piñones

PARA 4-6

125 ml de aceite de oliva,
y un poco más para untar
la ralladura fina y el zumo (jugo)
de 1 naranja
1 cebolla roja pequeña en rodajas
finas
1 diente de ajo picado
1 guindilla (chile) roja pequeña sin
pepitas y picada, o unos copos
de guindilla
12 ramitas de tomillo fresco
12 sardinas sin cabeza y limpias

Espinacas con piñones

1½ cucharadas de aceite de oliva
1 cebolla picada
1 diente grande de ajo
½ cucharada de cilantro molido
½ cucharada de comino molido
900 g de hojas tiernas de espinaca
55 g de piñones un poco tostados
sal y pimienta

Preparación

1 Ponga el aceite, la ralladura y el zumo de naranja, la cebolla, el ajo y la guindilla en una fuente en la que quepan todas las sardinas y bátalo bien. Rellene las sardinas con una ramita de tomillo y póngalas en la marinada de modo que queden cubiertas.

2 Para preparar las espinacas, caliente el aceite en una sartén a fuego medio-fuerte. Sofría la cebolla, removiendo, 3 minutos. Maje el ajo, échelo en la sartén y prosiga con la cocción, removiendo, hasta que la cebolla se ablande. Incorpore el cilantro, el comino

y una pizca de sal y rehóguelo 1 minuto. Añada las espinacas solo con el agua que retengan las hojas, empujándolas con una cuchara de madera. Salpimiéntelas. Rehóguelas, removiendo, 8 minutos o hasta que se ablanden. Esparza los piñones por encima, tape la sartén y resérvelas calientes mientras asa las sardinas.

3 Precaliente el gratinador al máximo. Forre la fuente del gratinador con papel de aluminio y úntelo con aceite. Disponga las sardinas encima y coloque la fuente a 10 cm del calor. Áselas 1½ minutos. Deles la vuelta con una pala de pescado o una espátula. Píntelas con aceite y áselas de 1½ a 2 minutos, hasta que estén hechas.

4 Sirva las sardinas acompañadas de las espinacas con piñones.

61

QUESO CHEDDAR

Muchas mujeres evitan el queso porque creen que no es saludable, pero los quesos curados como el cheddar son beneficiosos durante y después de la menopausia.

Si bien los quesos curados son ricos en grasas saturadas, si son bajos en grasa contienen una cantidad tolerable y aportan todos los beneficios de este alimento. El cheddar es muy rico en calcio; una pequeña porción aporta la mitad de la dosis diaria recomendada. El calcio es el componente básico de los huesos e imprescindible para mantener la densidad y la fortaleza óseas en la menopausia. El queso también contiene fósforo, que junto con el calcio forma los huesos y los dientes, así como vitamina D, esencial para la formación ósea. Los quesos curados son ideales para las mujeres que desean adelgazar o no engordar, ya que varios estudios demuestran que los alimentos ricos en calcio aceleran el metabolismo y, por tanto, ayudan a quemar grasas. La caseína también acelera el metabolismo, mientras que las proteínas mantienen el apetito a raya. Una dieta rica en calcio incluso podría reducir la incidencia de cáncer de mama. El queso curado contiene iodina, que favorece la función de la tiroides, y es una de las pocas fuentes de vitamina B12 no vegetal.

- El calcio mantiene la fortaleza y la densidad óseas.
- Acelera el metabolismo y quema grasas.
- Reduce la incidencia de cáncer de mama.

Consejos prácticos:
Ralle cheddar sobre guisos o sopas o nape las hortalizas con una salsa de queso. Para que le salga más a cuenta, cómprelo en un trozo grande y congélelo por partes.

¿SABÍA QUE...?

El queso curado contiene flúor y fósforo, minerales que mantienen los dientes y las encías sanos. Para mantener un pH saludable, después de las comidas es mejor comer queso que una manzana.

VALOR NUTRICIONAL DE 50 G DE QUESO CHEDDAR (16% DE GRASA)

Kilocalorías	136
Proteínas	16 g
Grasas	8 g
Vitamina B12	0,6 g
Vitamina B2	0,3 mg
Ácido fólico	28 mcg
Vitamina D	3 UI
Calcio	420 mg
Selenio	5,5 mcg
Magnesio	20 mg
Potasio	55 mg
Cinc	1,4 mg
Fósforo	310 mg
Flúor	17,4 mcg

Bocaditos de cheddar

12 UNIDADES

6 cucharadas de mantequilla sin sal
fría, y un poco más para untar
4 tomates (jitomates) secados
al sol (que no estén en aceite)
350 g de harina, y un poco más
para espolvorear
1 cucharada de levadura en polvo
½ cucharadita de bicarbonato
½ cucharadita de sal
½ cucharadita de guindilla (chile)
molida y ½ de mostaza en polvo
1 cucharadita de albahaca seca
140 g de cheddar rallado grueso
175 ml de suero de mantequilla

Preparación

1 Precaliente el horno a 200 °C. Unte una fuente refractaria con mantequilla y resérvela. Ponga los tomates en un cuenco, escáldelos con agua hirviendo y déjelos 10 minutos en remojo. Escúrralos, estrújelos para eliminar toda el agua y píquelos bien. Resérvelos.

2 Tamice la harina con la levadura, el bicarbonato y la sal en un bol. Añada la guindilla, la mostaza y la albahaca. Incorpore la mantequilla con un batidor de repostería o los dedos. Añada el cheddar y los tomates y remueva. Incorpore el suero de mantequilla batiéndolo con un tenedor. La masa debe quedar algo pegajosa. Júntela en una bola y póngala en la encimera espolvoreada con un poco de harina. Con las manos enharinadas, trabaje la masa hasta obtener 1 cm de grosor y córtela en 12 cuadrados con un cuchillo enharinado.

3 Ponga los bocaditos espaciados en la fuente refractaria y cuézalos en el horno unos 15 minutos, o hasta que suban y empiecen a dorarse. Sáquelos del horno y sírvalos enseguida.

YOGUR

El yogur natural, con o sin bífidus, es uno de los lácteos más saludables, sobre todo en la mediana edad, la menopausia y la vejez.

Antiguamente el yogur se consideraba un alimento saludable que ayudaba a vivir más años, algo que la ciencia moderna ha demostrado. El yogur sin pasteurizar, que contiene miles de millones de bacterias como acidofilus y bifidobacterias, es de gran ayuda para el sistema digestivo. Las bacterias «beneficiosas» que recubren el intestino previenen la hinchazón y el estreñimiento, protegen el sistema digestivo y refuerzan el sistema inmunológico. El yogur comparte muchas propiedades con el queso y la leche. Así, es rico en calcio, que ejerce un efecto positivo en la salud, como relajar los nervios, favorecer el sueño y reforzar los huesos. Al parecer, también sería un potente agente para quemar grasas: comer yogur tres veces al día favorece la pérdida de grasa, sobre todo abdominal, pero también conserva el tejido muscular, cuya pérdida es un problema habitual en las personas que están a dieta. Un yogur sin pasteurizar al día también regula el colesterol, bajando el «malo» y subiendo el «bueno» según los estudios.

- Refuerza el intestino y previene la hinchazón y el estreñimiento.
- Quema la grasa corporal, en especial abdominal, y mantiene la masa muscular.
- Regula el colesterol e induce al sueño.

Consejos prácticos:
El yogur es ideal como aperitivo o merienda. Con unos frutos secos picados o fruta resultará aún más nutritivo. Pruébelo como acompañamiento de berenjena asada o brochetas.

¿SABÍA QUE...?

Exceptuando los cereales, el yogur es uno de los alimentos más consumidos en todo el mundo, sobre todo en Europa, la India, Oriente Próximo, Asia y Norteamérica.

VALOR NUTRICIONAL DE 100 G DE YOGUR

Kilocalorías	63
Proteínas	5,2 g
Grasas	1,5 g
Hidratos de carbono	7 g
Vitamina B12	0,5 mg
Vitamina B2	0,2 mg
Colina	15 mg
Calcio	183 mg
Magnesio	17 mg
Potasio	234 mg
Cinc	0,9 mg
Fósforo	144 mg
Iodina	34 mcg
Flúor	12 mcg

Frutos rojos con yogur

12 UNIDADES   C

450 ml de yogur con bífidus

1½ cucharadas de ralladura fina de naranja

225 g de frutos rojos variados, como arándanos, frambuesas y fresas (frutillas), y algunos más para adornar

ramitas de menta, para adornar (opcional)

Preparación

1 Ajuste el congelador a la potencia máxima al menos 2 horas antes de congelar este postre. Coloque 12 moldes de papel en un molde múltiple para magdalenas o 12 moldes individuales en la bandeja de horno. Mezcle el yogur con la ralladura de naranja en un bol grande.

2 Si las fresas fueran grandes, trocéelas para que sean más o menos como las frambuesas. Incorpore la fruta al yogur y repártalo entre los moldes. Congélelo 2 horas, o hasta que adquiera consistencia.

3 Adórnelo con frutos rojos y, si lo desea, ramitas de menta y sírvalo. Después, recuerde volver a ajustar el congelador a la potencia habitual.

LECHE

Como bebida, la leche es una buena alternativa al agua, puesto que es rica en calcio y otros nutrientes necesarios para la mujer en la menopausia.

El calcio es esencial para la salud de la mujer por varias razones. Es básico para los nervios, la sangre y la tensión arterial, así como para reforzar y mantener los huesos. También acelera el metabolismo y, según un estudio exhaustivo, el consumo habitual de leche mejora la sensibilidad a la insulina y, por tanto, ayuda a prevenir o controlar la diabetes de tipo 2. El calcio también se ha apodado «el relajante natural» porque favorece el sueño reparador. Si bien los lácteos tienen la fama de ser perjudiciales para el corazón, los nuevos estudios apuntan en la dirección contraria. Las proteínas del suero de la leche contienen péptidos que regulan la tensión arterial, y es un alimento rico en vitaminas del grupo B, potasio y magnesio, todos ellos saludables para el corazón. La leche puede añadirse a cualquier comida porque su contenido en proteínas ralentiza la absorción de los alimentos y es saciante.

- El calcio acelera el metabolismo y mejora la sensibilidad a la insulina.
- Favorece el sueño reparador y tiene efectos relajantes.
- Contiene nutrientes y compuestos saludables para el corazón.

Consejos prácticos:

Compre leche lo más fresca posible para que no se agríe y consérvela por debajo de 5 °C. Prepare un buen batido de desayuno con plátano y canela y tómese un vaso de leche antes de ir a la cama. La leche de producción ecológica contiene más «grasas buenas».

¿SABÍA QUE...?

Se cree que los humanos se alimentan de leche de vaca desde hace 6000 años, o más a tenor de los descubrimientos en algunas zonas del sudeste del Mediterráneo.

VALOR NUTRICIONAL DE 100 G DE LECHE

Kilocalorías	34
Proteínas	3,4 g
Grasas	Trazas
Hidratos de carbono	5 g
Vitamina B12	0,5 mg
Vitamina B2	0,2 mg
Calcio	122 mg
Magnesio	11 mg
Potasio	156 mg
Cinc	0,4 mg
Fósforo	101 mg
Iodina	29 mcg

Batido de plátano con especias

PARA 2

350 ml de leche desnatada

2 plátanos (bananas)

150 ml de yogur natural con bífidus

½ cucharadita de especias variadas, y una pizca más para adornar

6 cubitos de hielo (opcional)

Preparación

1 Triture la leche con los plátanos, el yogur y las especias en el robot de cocina o la batidora hasta que esté homogéneo.

2 Repártalo entre 2 vasos y sírvalo, si lo desea con cubitos de hielo. Adorne los batidos con especias.

Cereales y legumbres

Cereales integrales como la cebada, el arroz y la avena, y legumbres como las lentejas, los garbanzos y la soja son alimentos básicos en todo el mundo, y muchos de ellos muy económicos. Aun así, contienen una increíble cantidad de nutrientes y compuestos indicados durante la menopausia, así como varios tipos de fibra.

(L) Ayuda a mantener la línea

(F) Fuente de fibra

(H) Fortalece y protege los huesos

(C) Saludable para el corazón

(A) Mejora el estado anímico

(P) Bueno para la piel

64 CEBADA

La cebada es un alimento básico en muchos países del mundo. Rica en fibra y fuente de nutrientes, constituye un buen aporte a la dieta en la menopausia.

Elija cebada integral en lugar de perlada, ya que esta última está muy refinada y conserva solo parte de los nutrientes y la fibra. El alto contenido en fibra de la cebada baja el colesterol «malo». La fibra insoluble favorece el tránsito intestinal y crea un compuesto llamado ácido propanoico que reduce la cantidad de colesterol que produce el hígado. Los betaglucanos son un tipo de fibra soluble que también bajan el colesterol al amalgamarse con este y eliminarlo del organismo. La vitamina B3 (niacina), presente en grandes cantidades, también combate la hipercolesterolemia. Asimismo, la cebada parece ser la panacea para controlar la glucosa en sangre y, como otros cereales integrales, reducir la incidencia de cáncer de mama, probablemente debido a los lignanos, la fibra y el selenio.

- Baja el colesterol «malo» a través de distintos mecanismos.
- Regula la glucosa en sangre para mantener la saciedad y prevenir la diabetes de tipo 2.
- Podría prevenir el cáncer de mama.

Consejos prácticos:
La cebada integral tarda más en cocerse que la perlada. Cuézala con agua en una cazuela tapada unos 45 minutos. También puede incorporarla a sopas o guisos, añadiendo caldo a medida que los granos lo absorban. Prepare una ensalada con cebada fría, o pruébela en copos en lugar de avena para el desayuno.

¿SABÍA QUE...?

Antes de que el trigo se cultivara en toda Europa, el pan se hacía con cebada y centeno. Aun hoy, estos panes son los preferidos de mucha gente.

VALOR NUTRICIONAL DE 100 G DE CEBADA INTEGRAL

Kilocalorías	124
Proteínas	4,4 g
Grasas	0,8 g
Hidratos de carbono	25,7 g
Fibra	6 g
Niacina	1,6 mg
Magnesio	47 mg
Potasio	158 mg
Cinc	1 g
Hierro	1,2 g
Selenio	13 mcg

Pollo con cebada

PARA 4

2 cucharadas de aceite vegetal
8 muslitos de pollo sin piel
500 ml de caldo de pollo
100 g de cebada integral
    enjuagada y escurrida
200 g de patatas (papas) nuevas
    pequeñas raspadas y partidas
    por la mitad a lo largo
2 zanahorias grandes en rodajas
1 puerro (poro) en rodajitas
2 chalotes en rodajitas
1 cucharada de concentrado
    de tomate (jitomate)
1 hoja de laurel
1 calabacín (zapallito) en rodajas
2 cucharadas de perejil picado,
    y unas ramitas para adornar
1 cucharada de harina
2 cucharadas de agua
sal y pimienta

Preparación

1 Caliente el aceite a fuego medio en una cazuela grande. Rehogue los muslos de pollo 3 minutos, deles la vuelta y hágalos 2 minutos por el otro lado. Incorpore el caldo, la cebada, la patata, la zanahoria, el puerro, el chalote, el concentrado de tomate y el laurel. Llévelo a ebullición, baje el fuego y déjelo cocer 30 minutos.

2 Añada el calabacín y el perejil, tape la cazuela y prosiga con la cocción 20 minutos, hasta que el pollo esté tierno y al pinchar la parte más carnosa con una brocheta salga un jugo claro. Retire el laurel y deséchelo.

3 En un cuenco, diluya la harina en el agua hasta obtener una pasta homogénea. Incorpórela al guiso y prosiga con la cocción 5 minutos más a fuego lento. Salpimiente.

4 Aparte la cazuela del fuego, reparta el guiso entre 4 platos precalentados y adórnelo con ramitas de perejil.

65 AVENA

El consumo habitual de avena neutraliza algunos síntomas de la menopausia y reduce el riesgo de cardiopatías y osteoporosis.

La avena alivia síntomas como la depresión, la ansiedad, el desánimo y el insomnio porque estimula la producción de serotonina, la «hormona del bienestar», en el cerebro. Es rica en varias vitaminas del grupo B, que regulan el sistema nervioso y el estado anímico. Contiene lignanos, que reducen la intensidad de los sofocos y la sudoración nocturna y previenen el cáncer de mama, y cinc para aumentar la libido. La avena contiene antioxidantes y fitoquímicos, como avenantramidas, saponinas y vitamina E, que protegen el corazón y las arterias. Además, es rica en betaglucano, que reduce el colesterol «malo». Por su contenido en fibra, grasa y proteínas, registra un índice glucémico bajo, por lo que está muy indicada en caso de dietas de adelgazamiento, resistencia a la insulina y diabetes.

- Uno de los mejores cereales para neutralizar los síntomas de la menopausia.
- Podría prevenir cardiopatías y cáncer de mama.
- Indicada en caso de dietas de adelgazamiento y diabetes gracias a su bajo índice glucémico.

Consejos prácticos:
Utilícela en mueslis, gachas, bizcochos y coberturas crujientes. Sustituya parte de la harina de trigo por harina de avena para preparar panes y pasteles. En guisos, sustituya la cebada integral por avena.

¿SABÍA QUE...?
El salvado en avena, la cáscara del grano, es rico en fibra. Puede añadirlo a todo tipo de recetas o al yogur o los cereales del desayuno.

VALOR NUTRICIONAL DE 50 G DE COPOS DE AVENA

Kilocalorías	195
Proteínas	8,5 g
Grasas	3,5 g
Hidratos de carbono	33 g
Fibra	5,3 g
Ácido fólico	28 mcg
Tiamina	0,4 mg
Niacina	0,5 mg
Vitamina E	0,75 mg
Magnesio	88 mg
Potasio	214 mg
Cinc	2 g
Calcio	27 mg
Hierro	2,3 mg

Magdalenas de avena y manzana especiadas

12 UNIDADES

140 g de harina

1 cucharada de levadura en polvo

1 cucharadita de especias variadas molidas

115 g de azúcar moreno

175 g de copos de avena

250 g de manzanas de mesa sin pelar

2 huevos

125 ml de leche desnatada

125 ml de zumo (jugo) de manzana recién licuado

6 cucharadas de aceite de girasol

Preparación

1 Precaliente el horno a 200 °C. Coloque 12 moldes de papel en un molde múltiple para magdalenas. Tamice la harina con la levadura y las especias en un bol. Incorpore el azúcar y 140 g de los copos de avena.

2 Retíreles el corazón a las manzanas y píquelas. Incorpórelas a la pasta.

3 Bata un poco los huevos en una jarra grande o un bol y, después, incorpore la leche, el zumo de manzana y el aceite. Haga un hoyo en el centro de los ingredientes secos y eche el líquido. Remueva con suavidad hasta que la pasta esté homogénea, pero sin trabajarla demasiado.

4 Reparta la pasta entre los moldes de papel. Esparza los copos de avena restantes por encima. Cueza las magdalenas en el horno precalentado unos 20 minutos, hasta que suban, se doren y se noten consistentes al tacto.

5 Deje reposar las magdalenas 5 minutos y sírvalas templadas, o bien déjelas enfriar del todo en una rejilla metálica.

66

ARROZ INTEGRAL

El arroz integral, un carbohidrato complejo, es un cereal versátil cuyos nutrientes y compuestos son una garantía de salud y bienestar en la mediana edad.

El arroz integral es muy beneficioso en la menopausia. Los hidratos de carbono, la vitamina B y el magnesio favorecen la producción de serotonina, la hormona del bienestar y la inducción al sueño. El germen es rico en cinc, que alivia la sudoración nocturna y los sofocos y va bien para la piel seca. El arroz integral también contiene saponinas, los fitoquímicos que reducen el colesterol. Es una buena fuente de selenio, que refuerza el sistema inmunológico y combate la depresión. Gracias a la fibra registra un índice glucémico medio-bajo, por lo que en pequeñas cantidades resulta saciante y ayuda a mantener la línea. Además, regula la glucosa en casos de diabetes.

- El magnesio, la vitamina B y los hidratos de carbono favorecen la producción de serotonina en el cerebro para aliviar el insomnio y la ansiedad.
- El cinc neutraliza los sofocos y la piel seca.
- Las saponinas bajan el colesterol «malo».
- Útil en caso de diabetes y dietas de adelgazamiento.

Consejos prácticos:

Combine el arroz integral con alimentos ricos en calcio como queso, frutos secos, semillas o tofu, ya que el calcio interactúa con el magnesio del arroz y refuerza los huesos. El arroz cocido se conserva un par de días en el frigorífico si lo enfría enseguida y lo calienta muy bien antes de consumirlo.

¿SABÍA QUE...?

El arroz es uno de los alimentos que provocan menos alergias y, en comparación con el trigo, causa menos hinchazón y resulta menos indigesto.

VALOR NUTRICIONAL DE UNA RACIÓN DE ARROZ INTEGRAL COCIDO

Kilocalorías	222
Proteínas	5 g
Grasas	1,8 g
Hidratos de carbono	46 g
Fibra	3,6 g
Niacina	3 mg
Tiamina (vitamina B1)	0,2 mg
Vitamina B6	0,3 mg
Selenio	19,6 mcg
Magnesio	86 mg
Hierro	0,8 mg
Cinc	1,3 g
Calcio	20 mg

Arroz integral y garbanzos con especias

PARA 4

½ cucharada de aceite de oliva

1 cucharadita de semillas
de comino algo majadas

½ cucharadita de semillas
de cilantro algo majadas

1 cebolla roja en rodajas

¾ de cucharadita de garam masala

300 g de arroz integral

60 g de pasas

850 ml de caldo de verduras
caliente

400 g de garbanzos (chícharos)
· cocidos

15 g de cilantro picado, y unas
ramitas para adornar

2 cucharadas de almendra fileteada

200 g de feta desmenuzado,
para adornar

Preparación

1 Caliente el aceite en una cazuela y rehogue las semillas de comino
y cilantro 1 minuto. Sofría la cebolla 2 o 3 minutos y, después,
incorpore el garam masala. Añada el arroz y las pasas y remueva
para que se impregnen bien.

2 Vierta el caldo, llévelo a ebullición, tápelo y cuézalo 25 minutos,
hasta que se absorba todo el caldo y el arroz esté hecho.

3 Incorpore los garbanzos, el cilantro y la almendra.

4 Apártelo del fuego, reparta el guiso entre 4 boles y sírvalo templado
o frío, adornado con el feta desmenuzado y ramitas de cilantro

67

ALUBIAS

Las alubias blancas son muy ricas en proteínas, fibra y calcio, y aportan beneficios nutricionales a la mujer a partir de la mediana edad.

¿SABÍA QUE...?

A principios del siglo xx, en Estados Unidos las alubias blancas se conocían como *navy beans* («alubias de la marina») porque por entonces eran el alimento principal de los soldados de esta división del ejército.

....

VALOR NUTRICIONAL DE 100 G DE ALUBIAS BLANCAS COCIDAS

Kilocalorías	140
Proteínas	8,2 g
Grasas	0,6 g
Hidratos de carbono	26 g
Fibra	10,5 g
Ácido fólico	140 mcg
Niacina	0,65 mg
Colina	44,7 mg
Magnesio	53 mg
Potasio	389 mg
Cinc	1 mg
Calcio	69 mg
Hierro	2,3 mg

Las alubias blancas son muy ricas en fibra alimentaria, y son uno de los alimentos que contienen más fibra soluble, que baja el colesterol y evita que los niveles de glucosa en sangre se disparen después de comer. Por ello, y porque las alubias son bastante bajas en grasas y ricas en proteínas, son una buena opción para las mujeres que desean mantenerse en su peso y para los diabéticos. La fibra insoluble previene el estreñimiento y el síndrome de colon irritable, dos problemas habituales en la mujer en la mediana edad. Las alubias blancas son una de las fuentes vegetales más ricas en proteínas y calcio para unos huesos fuertes. Además, contienen magnesio, hierro y cinc, antioxidantes que previenen el envejecimiento prematuro, y son una buena fuente de vitaminas del grupo B, que alivian la ansiedad.

- Ricas en fibra, por lo que se recomiendan para mantener la línea y bajar el colesterol.
- Fibra insoluble para prevenir el estreñimiento y el síndrome de colon irritable.
- Buena fuente de calcio para proteger el corazón y los huesos.
- Ricas en minerales antioxidantes.

Consejos prácticos:

Añádalas a los guisos para que resulten más proteínicos. Trituradas con aceite de oliva, zumo de limón y pimienta son una magnífica guarnición para el cordero, por ejemplo.

Pollo con alubias

PARA 4

20 g de mantequilla

1 cucharada de aceite de oliva

8 muslos de pollo sin piel

2 lonchas de panceta en dados

2 cebollas picadas

3 dientes de ajo

2 ramas de apio picadas

2 zanahorias picadas

400 g de alubias blancas
(chícharos blancos) cocidas

3 hojas de laurel

1½ cucharaditas de hojas de
tomillo fresco picadas, y unas
ramitas para adornar

75 g de tomates (jitomates) cherry

1 litro de caldo de pollo

sal y pimienta

pan integral, para acompañar

Preparación

1 Precaliente el horno a 150 °C. Derrita la mantequilla con el aceite en una cazuela refractaria grande de base gruesa. Rehogue los muslos de pollo un par de minutos, dándoles la vuelta de vez en cuando. Añada la panceta y rehóguelo todo un par de minutos más, hasta que el pollo empiece a dorarse. Sáquelo y resérvelo.

2 En la misma cazuela, rehogue la cebolla, el ajo, el apio y la zanahoria 2 minutos. Añada las alubias y remueva antes de añadir el laurel, el tomillo, los tomates y 850 ml del caldo. Salpimiente. Llévelo a ebullición y cuézalo 10 minutos antes de devolver el pollo y la panceta a la cazuela.

3 Tape la cazuela y métala en el horno. Cuézalo 40 minutos, o hasta que el pollo esté tierno. Transcurridos 20 minutos, compruebe que el guiso no queda demasiado seco y, si fuera necesario, añada un poco más de caldo.

4 Retire la cazuela del horno y deseche el laurel. Repártalo entre 4 platos precalentados y adórnelo con ramitas de tomillo. Sírvalo con pan integral.

GARBANZOS

Los garbanzos son una fuente de proteínas nutritiva y económica. Ricos en fibra y compuestos vegetales, son un alimento ideal para perder peso.

Los garbanzos pueden contribuir a perder peso. Según los participantes en un estudio, cuando los incluían en la dieta comían menos, se sentían más saciados y picaban menos entre horas. En parte podría deberse a que son una excelente fuente de fibra, que ralentiza la absorción de los alimentos. La fibra aporta otros beneficios: la insoluble previene el estreñimiento y desórdenes digestivos como la hinchazón y el síndrome de colon irritable, mientras que la soluble regula y baja el colesterol y previene apoplejías y cardiopatías. Los garbanzos son muy ricos en hierro, un antioxidante importante para el rendimiento mental, los glóbulos rojos y la vitalidad. También contienen isoflavonas que previenen cardiopatías y cáncer, saponinas que bajan el colesterol y esteroles que previenen el cáncer de mama.

- Los estudios demuestran que pueden ayudar a adelgazar.
- Muy ricos en fibra insoluble y soluble para prevenir numerosas enfermedades.
- Hierro para mantener la vitalidad y el rendimiento mental.
- Fitoquímicos que reducen la incidencia de cardiopatías y cáncer.

Consejos prácticos:

Los garbanzos son un buen sustituto de la carne en sopas y guisos. Si están crudos hay que dejarlos varias horas en remojo, pero los garbanzos en conserva son igual de nutritivos. Con esta legumbre se elabora el hummus.

¿SABÍA QUE...?

Los garbanzos pueden cocerse y molerse hasta convertirlos en harina. Son muy populares en Oriente Próximo y la India y constituyen una rica alternativa proteínica a la harina de trigo.

VALOR NUTRICIONAL DE 100 G DE GARBANZOS COCIDOS

Kilocalorías	164
Proteínas	8,9 g
Grasas	2 g
Hidratos de carbono	27 g
Fibra	7,6 g
Ácido fólico	172 mcg
Magnesio	48 mg
Potasio	291 mg
Cinc	1,5 g
Calcio	49 mg
Hierro	2,9 mg

Tortitas de garbanzos y cilantro

PARA 4

125 g de harina con levadura

1 huevo

175 ml de leche semidesnatada

*140 g de cebolletas (cebolletas
   tiernas) en rodajitas*

*400 g de garbanzos (chícharos)
   cocidos*

4 cucharadas de cilantro picado

aceite de girasol, para freír

sal y pimienta

ramitas de cilantro, para adornar

Preparación

1 Tamice la harina en un bol y haga un hoyo en el centro. Eche el huevo y la leche, incorpórelos a la harina y, después, bátalo todo hasta obtener una pasta homogénea.

2 Incorpore la cebolleta, los garbanzos y el cilantro y salpimiente generosamente.

3 Caliente el aceite en una sartén grande de base gruesa y vaya añadiendo cucharadas de la pasta. Fría las tortitas, por tandas, 4 o 5 minutos, dándoles la vuelta hasta que se doren bien.

4 Sirva las tortitas apiladas, adornadas con ramitas de cilantro.

69

ALUBIAS ROJAS

Las alubias rojas son un aporte excelente en la menopausia por su contenido en proteínas de buena calidad, cinc, fibra, vitaminas y minerales.

Las alubias rojas presentan un patrón nutricional similar al de la soja pero contienen menos grasas y más hidratos de carbono. Ricas en proteínas y minerales, son una buena opción para los vegetarianos. También son ricas en fibra soluble e insoluble, que previene el cáncer, regula el nivel de glucosa en sangre en caso de diabetes y resistencia a la insulina, es saciante y evita la acumulación de grasa abdominal, un problema habitual en la mujer tras la menopausia. Contienen una buena cantidad de hierro, que es necesario para prevenir la anemia y mantener la vitalidad, mientras que el cinc refuerza el sistema inmunológico y es bueno para la piel y la libido. Además, son muy ricas en potasio, que reduce la hinchazón y la hipertensión.

- Ricas en fibra para regular la liberación de insulina y evitar el hambre y la acumulación de grasa abdominal.
- Podrían prevenir algunos tipos de cáncer.
- Muy ricas en potasio, que evita la retención de líquidos y controla la hipertensión.

Consejos prácticos:

Las alubias rojas son un ingrediente habitual del chile con carne mexicano. Para ahorrar tiempo, cómprelas en conserva en lugar de secas, pero enjuáguelas bien con agua fría. Si están cocidas absorben muy bien los sabores; pruebe a marinarlas media hora en aceite de oliva, zumo de limón y pimentón dulce.

¿SABÍA QUE...?

Las alubias rojas secas contienen una sustancia potencialmente tóxica, una forma de lectina, que pierde su efecto al hervirlas a fuego fuerte al menos 10 minutos antes de cocinarlas.

VALOR NUTRICIONAL DE 100 G DE ALUBIAS ROJAS COCIDAS

Kilocalorías	127
Proteínas	8,7 g
Grasas	0,5 g
Hidratos de carbono	23 g
Fibra	6,4 g
Ácido fólico	130 mcg
Niacina	0,6 g
Magnesio	42 mg
Potasio	405 mg
Cinc	1 mg
Calcio	35 mg
Hierro	2,2 mg

Arroz con alubias rojas

PARA 4

4 cucharadas de aceite de oliva

1 cebolla picada

2 dientes de ajo picados

175 g de arroz integral

625 ml de caldo de verduras caliente

1 pimiento (ají) rojo sin pepitas y picado

2 ramas de apio en rodajitas

225 g de champiñones en láminas finas

425 g de alubias rojas (porotos) en conserva escurridas y enjuagadas

3 cucharadas de perejil picado, y un poco más para adornar

55 g de anacardos (castañas de cajú)

sal y pimienta

Preparación

1 Caliente la mitad del aceite en una cazuela grande de base gruesa. Sofría la cebolla, removiendo de vez en cuando, 5 minutos o hasta que se ablande. Añada la mitad del ajo, sofríalo 2 minutos y, después, eche el arroz y remuévalo 1 minuto, o hasta que los granos se impregnen bien en el aceite.

2 Agregue el caldo y una pizca de sal, y llévelo a ebullición sin dejar de remover. Baje el fuego, tape la cazuela y déjelo a fuego suave de 35 a 40 minutos, o hasta que el arroz haya absorbido todo el líquido.

3 Mientras tanto, caliente el aceite restante en una sartén de base gruesa. Rehogue el pimiento y el apio, removiendo, 5 minutos. Añada los champiñones y el ajo restante y rehóguelo todo 4 o 5 minutos.

4 Incorpore el arroz a las hortalizas rehogadas. Añada las alubias rojas, el perejil y los anacardos y mézclelo. Salpimiente y remueva sin parar hasta que los ingredientes estén bien calientes. Pase el arroz a una fuente, adórnelo con perejil picado y sírvalo enseguida.

70 LENTEJAS

Las lentejas son un alimento nutritivo y versátil. Las variedades verde, pardina y negra son más ricas en nutrientes que la roja.

Las lentejas son un alimento muy beneficioso en la menopausia y la postmenopausia porque contienen lignano, un compuesto vegetal que actúa como los estrógenos en el organismo, neutralizando síntomas como los sofocos y la sudoración nocturna. El lignano también podría reducir la incidencia del cáncer hormonodependiente y prevenir la osteoporosis. Las lentejas verdinas y pardinas son muy ricas en fibra soluble e insoluble, que previene el cáncer y las cardiopatías. Además, contienen unos fitoquímicos llamados isoflavonas que ofrecen una protección similar. Las lentejas en general son ricas en vitaminas del grupo B, que mejoran el estado de ánimo, y una buena fuente de minerales, sobre todo hierro y cinc, que regula las hormonas y refuerza el sistema inmunológico.

- Lignanos para neutralizar los síntomas de la menopausia.
- Fibra para prevenir cardiopatías y cáncer.
- Varias vitaminas del grupo B que mejoran el estado de ánimo y el bienestar.

Consejos prácticos:

Algunas variedades de lentejas secas no necesitan remojarse previamente. Hiérvalas con agua unos 30 minutos, hasta que estén tiernas. Añádalas a sopas de hortalizas o en lugar de la carne en lasañas, pasteles de carne o chile mexicano.

¿SABÍA QUE...?

Muchos alimentos, incluidas las lentejas, contienen purinas. Estas sustancias pueden provocar ataques de gota en personas propensas.

VALOR NUTRICIONAL DE 100 G DE LENTEJAS VERDINAS O PARDINAS COCIDAS

Kilocalorías	105
Proteínas	8,8 g
Grasas	0,7 g
Hidratos de carbono	17 g
Fibra	3,8 g
Ácido fólico	30 mcg
Niacina	0,6 mg
Vitamina B6	0,3 mg
Magnesio	34 mg
Potasio	310 mg
Cinc	1,4 mg
Calcio	22 mg
Hierro	3,5 mg
Selenio	40 mcg

Lentejas con hortalizas

PARA 4

10 clavos

1 cebolla

225 g de lentejas francesas

1 hoja de laurel

1,5 litros de caldo de verduras

2 puerros (poros) en rodajas

2 patatas (papas) en dados

2 zanahorias en dados

3 calabacines (zapallitos) en rodajas

1 rama de apio picada

1 pimiento (ají) rojo sin pepitas
   y troceado

1 cucharada de zumo (jugo)
   de limón

sal y pimienta

Preparación

1 Precaliente el horno a 180°C. Pinche los clavos en la cebolla. Ponga las lentejas en una cazuela refractaria grande, eche la cebolla y el laurel y el caldo. Tápelo y cueza las lentejas en el horno precalentado 1 hora.

2 A continuación, retire la cebolla y deseche los clavos. Córtela en rodajas y devuélvala a la cazuela con las demás hortalizas. Remueva y salpimiente. Tape la olla y prosiga la cocción en el horno 1 hora más.

3 Deseche el laurel. Incorpore el zumo de limón y sirva las lentejas directamente en la cazuela.

71

SOJA

La soja es una de las legumbres más recomendables en la menopausia porque es rica en minerales y fitoquímicos que alivian síntomas y problemas de salud.

La soja es uno de los pocos vegetales que son una proteína completa con nueve aminoácidos que comprenden el aporte proteínico de la dieta. Esta proteína es una buena fuente de triptófano, el aminoácido que transforma la serotonina en el cerebro y produce bienestar. La soja es rica en fitoquímicos, cuyo consumo habitual neutraliza síntomas de la menopausia como sofocos y sudoración nocturna. Estos compuestos también podrían prevenir algunos tipos de cáncer hormonodependiente y cardiopatías. La soja es una muy rica fuente de fibra que regula el sistema digestivo y el colesterol. También contiene hierro, necesario para prevenir la anemia y el cansancio, y que según los estudios podría mejorar la memoria. Es una de las mejores fuentes vegetales de potasio, que reduce la retención de líquidos y la hipertensión.

- Relajante gracias al triptófano.
- Compuestos vegetales que neutralizan síntomas de la menopausia y previenen algunos tipos de cáncer.
- Podría mejorar la memoria y regular la retención de líquidos.

Consejos prácticos:
Añádala a sopas y guisos o tritúrela para hacer salsas y hamburguesas vegetales. Para preparar pan y pasteles, sustituya parte de la harina de trigo por harina de soja para aumentar la cantidad de proteínas, fibra y nutrientes. El tofu se elabora con leche de soja y constituye una buena alternativa baja en grasa y sodio a la soja entera, ideal para salteados.

¿SABÍA QUE...?
La soja se consume fresca o seca. La fresca es verde claro y se prepara como las habas y los guisantes.

VALOR NUTRICIONAL DE 100 G DE SOJA COCIDA

Kilocalorías	141
Proteínas	14 g
Grasas	7,3 g
Hidratos de carbono	5 g
Fibra	6 g
Ácido fólico	111 mcg
Tiamina	0,26 mg
Riboflavina	0,15 mg
Niacina	1,25 mg
Calcio	83 mg
Magnesio	63 mg
Potasio	510 mg
Cinc	0,9 mg
Hierro	3 mg

Ensalada de soja y champiñones

PARA 2

200 g de soja fresca (edamame)
55 g de champiñones en láminas
55 g de espinacas tiernas
1 puñado de rúcula

Aliño

3 cucharadas de aceite de oliva
   suave
1½ cucharadas de zumo (jugo)
   de limón
½ cucharadita de mostaza de Dijon
1 cucharada de cebollino (cebollín)
   picado
1 cucharada de perejil picado
sal y pimienta

Preparación

1 Cueza la soja en una vaporera o un colador metálico encajado sobre una cazuela con agua hirviendo 5 o 6 minutos, hasta que empiece a estar tierna. Enjuáguela con agua fría, escúrrala bien y pásela a una ensaladera. Añada los champiñones, las espinacas y la rúcula y mézclelo con suavidad.

2 Para preparar el aliño, bata todos los ingredientes en un cuenco hasta obtener una emulsión. Aliñe la ensalada y remuévala bien. Sírvala enseguida adornada con perejil picado.

5

Hierbas, especias y otros

Prácticamente todas las hierbas aromáticas y las especias —del perejil al romero y del curry a la guindilla— son muy ricas en antioxidantes, que alivian una serie de afecciones y síntomas relacionados con la menopausia. En este capítulo también veremos otros alimentos saludables, como el té verde, la maca y la miel de manuka, que aportan numerosos beneficios durante el climaterio.

(**L**) Ayuda a mantener la línea

(**F**) Fuente de fibra

(**H**) Fortalece y protege los huesos

(**C**) Saludable para el corazón

(**A**) Mejora el estado anímico

(**P**) Bueno para la piel

72 CURRY

Una de las costumbres más saludables en la mediana edad es condimentar los guisos con un par de cucharadas de curry en polvo preparado o hecho en casa.

El curry es una mezcla de especias que suele llevar cúrcuma, comino, semillas de cilantro, cayena, jengibre y semillas de mostaza en cantidades variables. También puede llevar pequeñas cantidades de clavo, cardamomo, nuez moscada, macis y otras especias. Los ingredientes principales son poderosos antioxidantes que retrasan los signos del envejecimiento y son ricos en nutrientes. Una mezcla de curry normal contiene cantidades importantes de buena parte de los minerales necesarios en la edad avanzada. El potasio previene la retención de líquidos y regula la tensión arterial; el calcio y el magnesio fortalecen los huesos y el corazón y proporcionan un sueño reparador; el hierro favorece el rendimiento mental y la vitalidad, y el cinc regula las hormonas y mejora el estado de la piel.

- Rico en varios minerales y fitoquímicos saludables.
- El calcio y el magnesio fortalecen los huesos y protegen el corazón.
- Hierro para el rendimiento mental y la vitalidad, y cinc para el equilibrio hormonal y la piel.
- Antiinflamatorio y anticancerígeno.

Consejos prácticos:
Si tiene molinillo eléctrico puede preparar el curry en casa con semillas enteras (se conservan mejor y retienen mejor los nutrientes que el polvo envasado). Transcurridos seis meses, deseche el curry ya que podría enranciarse.

¿SABÍA QUE...?
Las especias pueden ser las semillas, la corteza, la flor, el fruto o la raíz de la planta. Antiguamente las especias eran muy apreciadas y fueron el primer producto que se exportó a gran escala.

VALOR NUTRICIONAL DE 25 G DE CURRY EN POLVO

Kilocalorías	58
Proteínas	2,4 g
Grasas	2,7 g
Hidratos de carbono	6,5 g
Fibra	5,7 g
Niacina	0,9 mg
Potasio	457 mg
Calcio	160 mg
Hierro	14,5 mg
Magnesio	70 mg
Cinc	1 mg

Curry de hortalizas

PARA 6

2 tallos de limoncillo

50 ml de aceite vegetal

3 dientes grandes de ajo majados

1 chalote (echalote) grande
    en rodajitas

2 cucharadas de curry en polvo

700 ml de leche de coco

500 ml de agua de coco o caldo
    de verduras

1 cucharada de salsa de pescado
    tailandesa

4 guindillas (chiles) rojas frescas
    en rodajitas

6 hojas de lima kafir

1 zanahoria en rodajas al bies
    de 1 cm de grosor

1 berenjena pequeña-mediana
    en trozos de 2,5 cm

1 brote de bambú pequeño-
    mediano troceado fino

115 g de tirabeques

12 setas shiitake grandes, sin los
    pies y con los sombreros por
    la mitad

450 g de tofu escurrido y en dados

12 hojas de albahaca tailandesa
    un poco machacadas u 8 g
    de hojas de cilantro y chalotes
    fritos, para adornar

Preparación

1   Deseche las hojas magulladas y las raíces de los tallos de limoncillo
    y corte la parte inferior en rodajitas bien finas.

2   Caliente el aceite a fuego fuerte en una cazuela grande y saltee el
    ajo y el chalote 5 minutos, o hasta que se doren. Añada el limoncillo
    y el curry en polvo y saltéelo 2 minutos, o hasta que desprenda su
    olor. Añada la leche, el agua de coco, la salsa de pescado, la
    guindilla y las hojas de lima, y llévelo a ebullición. Baje el fuego,
    añada la zanahoria y la berenjena, tápelo y cuézalo 10 minutos.

3   Añada después el bambú, los tirabeques, las seas y el tofu y
    prosiga 5 minutos con la cocción.

4   Sírvalo, adornado con la albahaca y el chalote frito.

73

MELISA

Las hojas tiernas de la melisa huelen a limón. Son deliciosas en infusión y contienen un aceite volátil con propiedades relajantes, refrescantes y digestivas.

Ya en el siglo xv, la melisa se preparaba en infusión a la que los escritores de la época tildaron de «elixir de la vida» y «soberbia para el cerebro puesto que ahuyenta la melancolía». Con el tiempo se ha utilizado para tratar varios síntomas, pero sobre todo para aliviar la ansiedad, el nerviosismo y la depresión, ya que al parecer sus aceites poseen propiedades relajantes y calmantes. Además, favorece el sueño reparador. La melisa podría aliviar la migraña tensional y las palpitaciones, así como reducir la intensidad de los sofocos. También tiene propiedades digestivas, puesto que actúa como un relajante del sistema intestinal. Con un índice ORAC de 5997 cuando está fresca, la melisa también contiene antioxidantes.

- Conocida desde hace mucho como relajante y tónica.
- Podría reducir la cantidad y la intensidad de los sofocos.
- Relajante del sistema digestivo.

¿SABÍA QUE...?

La melisa es una hierba aromática con la que se pueden condimentan platos de caza, pescado y vinagre a las hierbas.

VALOR NUTRICIONAL

Actualmente no se dispone de datos nutricionales.

Consejos prácticos:

Para preparar una infusión de melisa, eche 2 cucharadas de hojas frescas en 300 ml de agua hirviendo, déjelo reposar 5 minutos, cuélelo y tómeselo caliente o frío, si lo desea con rodajas de limón. Las hojas más pequeñas pueden añadirse a macedonias y bebidas. Píquelas y mézclelas con yogur natural para preparar una raita para acompañar un plato de curry. La planta es muy fácil de cultivar y las hojas pueden secarse, aunque frescas concentran más propiedades. Si solo va a prepararlas en infusión también puede congelarlas.

Pan de melisa

1 UNIDAD

mantequilla, para untar

275 g de harina integral

½ cucharadita de levadura en polvo

150 g de azúcar

la ralladura de ½ limón

2 cucharadas de hojas de melisa
  picadas

150 g de yogur natural

150 ml de aceite de cacahuete
  (cacahuate)

3 huevos batidos

100 g de arándanos

Preparación

1 Precaliente el horno a 190 °C. Engrase un molde rectangular de 450 g de capacidad y fórrelo con papel vegetal.

2 Ponga los ingredientes secos en un bol grande con la ralladura de limón y la melisa picada.

3 Bata el yogur con el aceite y los huevos y, después, incorpórelo a los ingredientes secos.

4 Chafe un poco los arándanos y mézclelos con la pasta.

5 Pase la pasta al molde y cueza el pan en el horno precalentado 1 hora, hasta que al pincharlo con un cuchillo este salga limpio. Desmóldelo y déjelo enfriar en una rejilla metálica.

74 GUINDILLAS

Originarias de Centroamérica y
Suramérica, son nutritivas y picantes,
y el compuesto al que deben su picor es
beneficioso en la mediana edad.

**VALOR NUTRICIONAL
DE 25 G DE GUINDILLA
ROJA FRESCA**

Kilocalorías	12
Proteínas	0,5 g
Grasas	Trazas
Hidratos de carbono	2,6 g
Fibra	0,4 g
Vitamina C	43 mg
Niacina	0,4 mg
Potasio	97 mg
Hierro	0,3 mg
Betacaroteno	160 mcg
Luteína/Zeaxantina	213 mcg

Todas las guindillas contienen capsaicina, el fitoquímico al que
deben su picor. Está científicamente probado que la capsaicina
es antiinflamatoria, por ello alivia el dolor y la inflamación asociados
a la artritis e incluso podría retrasar su aparición. Asimismo, esta
sustancia bloquearía la producción de algunos tipos de células
cancerígenas, prevendría la formación de coágulos e incluso sería
un remedio eficaz para la cefalea en racimos. Las guindillas rojas
y amarillas son ricas en betacaroteno, que también neutraliza los
síntomas de la osteoartritis y la artritis reumatoide, y en vitamina C,
que potencia la actividad antioxidante. Estudios recientes
demuestran que el consumo habitual reduce la cantidad de
insulina necesaria para bajar la glucosa después de comer, por lo
que es adecuada en casos de diabetes y resistencia a la insulina.
El consumo de guindilla también acelera el metabolismo, de modo
que ayuda en caso de problemas de peso.

- La capsaicina alivia el dolor y la inflamación asociados
  a la artritis.
- Contiene vitamina C y carotenos, dos potentes antioxidantes.
- Acelera el metabolismo, por lo que ayuda a mantener la línea.

Consejos prácticos:
Las guindillas secas conservan buena parte de los antioxidantes.
Para secarlas, extiéndalas sobre una rejilla o papel grueso en
un lugar cálido y seco. La guindilla picada puede congelarse.
Si prefiere un sabor menos picante, deseche las semillas.

Atún con costra de guindilla

PARA 4

1 manojito de cilantro o perejil

3-4 guindillas (chiles) rojas secas
machacadas

2 cucharadas de semillas
de sésamo

1 clara de huevo

4 filetes de atún de unos 140-175 g

2-3 cucharadas de aceite
de girasol

sal y pimienta

gajos de lima (limón), para servir

Preparación

1 Pique el cilantro, dejando unas hojitas enteras para adornar. Mezcle la guindilla con ei cilantro picado y el sésamo en un plato llano y salpimiente. En otro plato, bata un poco la clara de huevo con un tenedor.

2 Pase los filetes de atún por la clara y, después, rebócelos con los condimentos. Vaya comprimiendo la corteza sobre el pescado con la palma de la mano para que ambos lados queden bien recubiertos.

3 Caliente el aceite en una sartén grande de base gruesa. Rehogue el atún a fuego medio 4 minutos y dele la vuelta con cuidado con una pala de pescado. Hágalo 4 minutos por el otro lado y repártalo entre 4 platos. Adórnelo con las hojas de cilantro reservadas y sírvalo con gajos de lima.

75 ROMERO

Los antioxidantes del romero fresco podrían prevenir enfermedades habituales en la mediana edad, incluido el cáncer de mama.

Las hojas aceradas de esta hierba perenne de origen mediterráneo son ricas en aceites aromáticos. Estudios recientes han demostrado que es una de las hierbas más ricas en antioxidantes, con un índice ORAC de 165 280. Esto significa que es uno de los mejores alimentos vegetales para reducir la incidencia de enfermedades y prevenir el envejecimiento prematuro. La esencia de romero se utiliza para tratar afecciones cutáneas y bloquear los estrógenos del organismo, por ello podría prevenir el cáncer de mama hormonodependiente. También se ha demostrado que favorece el riego sanguíneo de la cabeza y el cerebro, y la medicina tradicional lo utiliza como estimulante para la mente, la concentración y la memoria, como tónico y como coadyuvante contra la depresión. Los expertos recomiendan tomar una infusión de romero para tratar el reumatismo y los desórdenes digestivos.

- Potente actividad antioxidante que previenen enfermedades asociadas a la mediana edad.
- Podría mejorar la memoria y el estado de ánimo.
- Tónico para todo tipo de afecciones, y también digestivo.

¿SABÍA QUE...?

El romero es un arbusto perenne de la familia de la menta. Es fácil de cultivar en maceta, ya sea en el alféizar de la ventana o el balcón.

VALOR NUTRICIONAL DE 15 G DE ROMERO FRESCO

Kilocalorías	20
Proteínas	0,5 g
Grasas	0,9 g
Hidratos de carbono	3,1 g
Fibra	2 g
Ácido fólico	16 mcg
Magnesio	14 mg
Potasio	100 mg
Calcio	48 mg
Hierro	1 mg

Consejos prácticos:

El romero seco conserva la actividad antioxidante. Cuelgue unas ramitas en un lugar cálido y, cuando se sequen, separe las hojas y guárdelas en un recipiente hermético. Pique hojas de romero frescas, mézclelas con otras hierbas como tomillo, salvia y orégano, y añádalas a los guisos.

Stroganoff de champiñones al romero

4 PERSONAS Ⓛ Ⓒ Ⓟ Ⓐ Ⓗ

2 cucharadas de aceite de oliva

1 cebolla en dados

2 dientes de ajo bien picados

1 puerro (poro) en dados

500 g de champiñones silvestres
  troceados

3 champiñones portobello grandes
  en láminas

1 cucharadita de pimentón dulce

1 cucharada de romero fresco
  picado

el zumo (jugo) de ½ limón

100 ml de caldo de verduras
  hirviendo

2 cucharadas de nata fresca
  espesa o nata (crema) agria

sal y pimienta

arroz integral recién cocido,
  para acompañar

Preparación

1 Caliente el aceite en una cazuela grande y saltee la cebolla, el ajo
y el puerro hasta que se ablanden.

2 Añada los champiñones y el pimentón y saltéelo todo.

3 Incorpore el romero y el zumo de limón y déjelo unos minutos
al fuego.

4 Vierta el caldo y cuézalo hasta que el líquido se reduzca a la mitad.

5 Incorpore la nata, salpimiente y sírvalo enseguida con arroz integral
recién cocido.

76 SALVIA

Rica en compuestos beneficiosos, como los aceites que calman el organismo, neutralizan los sofocos y previenen el envejecimiento prematuro, además de mejorar la memoria.

La salvia es uno de los remedios más antiguos de la medicina tradicional, y estudios recientes demuestran que su eficacia está probada. Se trata de una de las plantas con un índice ORAC más elevado: 32 004 si es fresca y 119 929 si está seca. Por ese motivo es un arma poderosa para luchar contra los radicales libres que contribuyen al envejecimiento, y es capaz de neutralizarlos antes de que dañen las células del organismo. La salvia se ha utilizado desde siempre para reducir la frecuencia y la intensidad de los sofocos, así como para relajarse. Contiene numerosos aceites volátiles, flavonoides y ácidos fenólicos, por lo que es antiinflamatoria y podría aliviar el dolor de la artritis y mantener las arterias sanas. Según estudios recientes, la salvia también mejoraría la memoria reciente.

- Combate el envejecimiento por su actividad antioxidante y antiinflamatoria.
- Podría reducir la frecuencia y la intensidad de los sofocos.
- Estudios recientes demuestran que mejora la memoria.

Consejos prácticos:
Para secarla, cuelgue unas ramas en un lugar cálido y seco y, una vez seca, guarde las hojas en un recipiente hermético. Mézclala con otras hierbas para preparar tortilla a las hierbas o rellenos. Si está fresca, píquela y espárzala por encima de pizzas y pasta.

¿SABÍA QUE...?

La salvia es originaria de los países mediterráneos y se conoce desde la época de los griegos, que la consideraban sagrada.

VALOR NUTRICIONAL DE 15 G DE SALVIA FRESCA

Kilocalorías	22
Proteínas	0,7 g
Grasas	0,9 g
Hidratos de carbono	4,2 g
Fibra	2,8 g
Ácido fólico	19 mcg
Magnesio	30 mg
Potasio	75 mg
Calcio	116 mg
Hierro	1,9
Betacaroteno	244 mcg

Arroz y quinoa a la salvia

PARA 4

60 g de mantequilla

1 cebolla en dados

300 g de arroz integral

3 cucharadas de vino blanco

*1,3 litros de caldo de verduras
   hirviendo*

250 g de quinoa

10-12 hojas de salvia picadas

60 g de parmesano rallado

Preparación

1 Derrita 40 g de la mantequilla en una cazuela y saltee la cebolla
   5 o 6 minutos, hasta que se ablande.

2 Incorpore el arroz, rehóguelo un par de minutos y añada el vino.
   Hiérvalo hasta que el vino se reduzca a la mitad, vierta el caldo
   y llévelo de nuevo a ebullición. Cuézalo 15 minutos.

3 Incorpore la quinoa y la salvia y cuézalo de 10 a 12 minutos más,
   hasta que el líquido se absorba y el arroz y la quinoa estén en
   su punto.

4 Incorpore la mantequilla restante y el parmesano rallado. Repártalo
   entre 4 platos precalentados y sírvalo enseguida.

77 PEREJIL

El perejil es un remedio tradicional y una de las hierbas aromáticas más nutritivas. Ejerce una potente acción antioxidante y contiene aceites volátiles.

Las hojas del perejil son sabrosas y ricas en varios nutrientes. Contienen luteína y zeaxantina, dos carotenos que protegen la vista, y vitamina C, un antioxidante que mejora el estado de la piel y la mente y favorece la absorción del hierro que contiene la planta. El perejil también es una buena fuente de vitamina K, que favorece la absorción de calcio y refuerza los huesos. Las semillas contienen buena parte de los aceites beneficiosos, como miristicina, cumarinas, alfa-tujeno y limoneno, con propiedades anticancerígenas. El perejil también contiene numerosos flavonoides, como la apiina, cuya acción diurética previene la retención de líquidos, y la luteolina, que es antiinflamatoria. Una infusión de las hojas puede aliviar el dolor de la artritis y el reumatismo.

- Una buena fuente de vitamina C y hierro, potasio y ácido fólico.
- Luteina y zeaxantina para prevenir la degeneración macular.
- Antioxidante, anticancerígeno y antiinflamatorio.
- Rico en vitamina K para preservar la densidad ósea.

Consejos prácticos:
Los ramilletes de perejil refrigerados en una bolsa de plástico se conservan varios días, pero también puede picarlo y congelarlo. Para preparar tabulé, mezcle perejil picado con menta, zumo de limón, bulgur cocido y aceite.

¿SABÍA QUE...?

El perejil de hoja plana y el de hoja rizada contienen nutrientes similares. El perejil registra un elevado índice en la escala ORAC: 73 670 si esta seco y 1301 si está fresco.

VALOR NUTRICIONAL DE 15 G DE PEREJIL

Kilocalorías	5
Proteínas	0,5 g
Grasas	Trazas
Hidratos de carbono	1 g
Fibra	0,5 g
Vitamina C	20 mg
Vitamina K	272 mcg
Ácido fólico	23 mcg
Magnesio	8 mg
Potasio	83 mg
Calcio	21 mg
Hierro	0,9
Betacaroteno	758 mcg
Luteína/Zeaxantina	834 mcg

Champiñones con perejil

PARA 4

450 g de champiñones

*100 ml de aceite de oliva virgen
    extra*

2 dientes de ajo bien picados

1 buen puñado de perejil picado

sal y pimienta

*pan de masa madre tostado,
    para acompañar*

Preparación

1 Separe los sombreros de los pies de los champiñones. Trocee los pies y resérvelos. Caliente una sartén a fuego fuerte y añada el aceite. Cuando esté caliente, rehogue los sombreros de los champiñones. Compruebe la parte inferior y, cuando empiece a dorarse, deles la vuelta. Salpimiente.

2 Añada el ajo, los pies picados de los champiñones y el perejil y saltéelo todo de 5 a 10 minutos, hasta que los aromas comiencen a apreciarse y el ajo pierda un poco el punto picante.

3 Sirva los champiñones sobre unas rebanadas de pan de masa madre fermentado y rocíelos con un chorrito del aceite caliente de la sartén.

78

CHOCOLATE NEGRO

El cacao contiene nutrientes, antioxidantes y fitoquímicos muy beneficiosos para la mujer en la menopausia.

VALOR NUTRICIONAL DE 15 G DE CACAO EN POLVO

Kilocalorías	34
Proteínas	3 g
Grasas	2 g
Hidratos de carbono	8 g
Fibra	5 g
Niacina	0,3 mg
Calcio	19 mg
Potasio	229 mg
Magnesio	75 mg
Hierro	2 mg
Cinc	1,02 mg
Fósforo	110 mg
Teobromina	309 mg

VALOR NUTRICIONAL DE 100 G DE CHOCOLATE NEGRO (70% DE CACAO)

Kilocalorías	598
Proteínas	7,8 g
Grasas	42,6 g
Hidratos de carbono	46 g
Fibra	11 g
Niacina	1 mg
Vitamina E	0,6 mg
Calcio	73 mg
Potasio	716 mg
Magnesio	228 mg
Hierro	12 mg
Cinc	3,3 mg
Fósforo	308 mg
Teobromina	802 mg

El cacao es muy rico en catequinas, flavonoides antioxidantes que previenen cardiopatías y cáncer y pueden acelerar el metabolismo. El proceso de obtención del chocolate genera procianidinas, que ejercen una acción antiinflamatoria y podrían reducir los síntomas de la artritis. El chocolate negro contiene beta-sitosterol, un compuesto que impide que el organismo absorba colesterol. Como el cacao, también contiene teobromina, un diurético y dilatador de los vasos sanguíneas, así como feniletilamina (EPA), un estimulante que aguza la mente. Los estudios demuestran que el chocolate aumenta la producción de endorfinas en el cerebro, proporcionando bienestar. El cacao es rico en magnesio y fósforo para fortalecer los huesos; hierro para mejorar el rendimiento mental; cinc para la libido, y potasio para regular la tensión arterial.

- Compuestos que previenen cardiopatías y arteriosclerosis.
- Feniletilamina y hierro para mejorar el rendimiento mental y endorfinas para proporcionar bienestar.
- Teobromina y potasio, ambos con acción diurética.
- Minerales para fortalecer los huesos y aumentar la libido.

Consejos prácticos:
Elija chocolate que contenga al menos un 70% de cacao pero controle su consumo ya que la manteca de cacao es rica en grasa. El cacao en polvo es bastante bajo en grasa pero aun así conserva la fibra y los nutrientes.

Mousse de chocolate

PARA 4

150 g de dátiles

150 g de higos secos

1 aguacate (palta) sin hueso
  (carozo) y pelado

4 cucharadas de aguamiel

100 g de cacao en polvo

175-200 ml de leche
  semidesnatada

Preparación

1 Triture un poco los dátiles con los higos y el aguacate en el robot de cocina o la batidora.

2 Añada el aguamiel y el cacao y tritúrelo de nuevo hasta obtener una pasta espesa.

3 Incorpore la leche poco a poco mientras sigue triturándolo hasta adquirir la consistencia de una mousse.

4 Repara la mousse entre 4 vasos y refrigérela 20 minutos antes de servirla.

79

TÉ VERDE

El té verde es una excelente alternativa al té negro. Varias tazas al día retrasan el envejecimiento, previenen algunas enfermedades y aceleran la pérdida de peso.

El té verde contiene altos niveles de al menos seis catequinas. Estos antioxidantes, que otorgan al té su amargor característico, previenen cardiopatías y cáncer, además de facilitar la pérdida de peso al quemar grasas. La cafeína, la teobromina y la teofilina del té verde también podrían acelerar el metabolismo. La L-teanina, un aminoácido propio del té, se ha estudiado por sus efectos calmantes del sistema nervioso y podría aliviar la ansiedad. Asimismo, se ha demostrado que el té verde mejora el estado del corazón. Los estudios demuestran que tres o más tazas al día bajan el colesterol total y suben el «bueno», mientras que las pruebas de laboratorio sugieren que los polifenoles del té inhiben el crecimiento de células del cáncer de mama. Esta bebida milagrosa, que tradicionalmente se tomaba para regular la glucosa, incluso podría prevenir la diabetes de tipo 2, así como reducir el desgaste de cartílago asociado a la artritis.

- Los compuestos vegetales protegen el corazón e inhiben el cáncer de mama.
- Acelera el metabolismo y ayuda a quemar grasas.
- Podría mejorar los síntomas de la artritis.

¿SABÍA QUE...?

Los estudios demuestran que las personas que consumen té en abundancia son más longevas. El consumo habitual de té verde en la mujer podría reducir el riesgo de muerte por apoplejía en un 60% y de infarto en un 30%.

VALOR NUTRICIONAL POR UNA TAZA DE TÉ VERDE

Kilocalorías	2
Proteínas	0 g
Grasas	0 g
Hidratos de carbono	Trazas
Magnesio	7 mg
Potasio	88 mg

Consejos prácticos:

El té verde crece en la misma planta que el té negro, con la diferencia de que las hojas no se fermentan, por ello contiene más compuestos beneficiosos. Escáldelo con agua a punto de hervir, no hirviendo, déjelo en infusión 4 minutos y cuélelo.

Peras escalfadas al té verde

PARA 2

2 peras algo verdes partidas
*   por la mitad y peladas*
1 cucharadita de zumo (jugo)
*   de limón*
850 ml de agua
4 rodajas de jengibre
2 estrellas de anís
1 rama de canela
1 cucharada de miel fluida
2 bolsitas de té verde

Preparación

1 Retire el corazón de las peras con un vaciador de melón o una cucharilla. Rocíelas con el zumo de limón para que no se oxiden.

2 Lleve el agua a ebullición en una cazuela grande. Baje el fuego y añada el jengibre, el anís, la canela y la miel. Remueva hasta que la miel se derrita y añada las peras.

3 Escalfe las peras de 15 a 20 minutos, a medio tapar, hasta que estén tiernas y retírelas con una espumadera. Suba un poco el fuego, añada las bolsitas de té y prosiga con la cocción unos 5 minutos, hasta que el caldo se reduzca y adquiera una consistencia almibarada.

4 Retire y deseche las especias y las bolsitas de té. Sirva 2 medias peras por comensal rociadas con el almíbar.

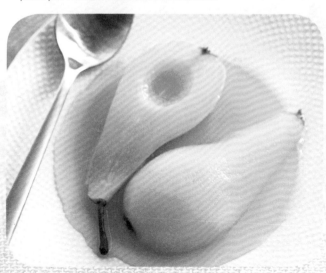

80

MIEL DE MANUKA

Oscura y con un sabor característico, la producen las abejas que se alimentan del néctar de manuka o árbol del té de Nueva Zelanda.

La miel de manuka no solo es uno de los mejores antibióticos naturales, sino que además es rica en bacterias probióticas que previenen problemas digestivos y estreñimiento. Contiene numerosos antioxidantes, sobre todo polifenoles, que mejoran la salud cardiovascular al neutralizar los radicales libres para que no dañen las células del organismo. El consumo habitual de miel sin pasteurizar baja el colesterol malo, sube el «bueno» y reduce los niveles de homocisteína, un factor de riesgo para el corazón.

La miel sin pasteurizar también contiene pequeñas cantidades de propóleo, una sustancia cerosa de la colmena que podría retrasar el envejecimiento. Los estudios demuestran que el consumo de miel sin pasteurizar mejora el rendimiento físico y la velocidad de recuperación, un beneficio importante en la mediana edad puesto que la resistencia física y la masa muscular empiezan a disminuir.

- Antibacteriana y reguladora del sistema digestivo.
- Regula el nivel de grasa en sangre y previene cardiopatías.

Consejos prácticos:
Es mejor tomar la miel sin aditivos, fría y untada en pan, con yogur, fruta o cereales, o bien como edulcorante de bebidas. También puede sustituir el azúcar o el almíbar en muchas recetas. Los bebés menores de un año deberían evitar su consumo, ya que la presencia de esporas y toxinas botulínicas podría provocar botulismo infantil.

¿SABÍA QUE...?

La miel se conoce desde tiempos remotos como alimento y medicina. La apicultura, la práctica de criar abejas, se remonta como mínimo al 700 A. C.

VALOR NUTRICIONAL DE 15 ML DE MIEL MANUKA

Kilocalorías	76
Proteínas	Trazas
Grasas	Trazas
Hidratos de carbono	20,6 g
Fibra	Trazas

Aliño de yogur a la miel

PARA 4

1 cucharada de miel fluida
90 ml de yogur natural desnatado
(descremado)
sal y pimienta

Preparación

1 Ponga la miel y el yogur en un bol de cristal y bátalos con un tenedor hasta que estén mezclados. Salpimiente.

81

JUGO DE TRIGO GERMINADO

Este líquido verde fuerte podría prevenir enfermedades, retrasar los signos del envejecimiento, regular la glucosa y facilitar la digestión.

El jugo de trigo germinado contiene vitaminas, enzimas y fitonutrientes que se han relacionado con la prevención de enfermedades y algunos beneficios para la salud. Los polifenoles y flavonoides podrían prevenir enfermedades, mientras que la clorofila podría mejorar el perfil sanguíneo y retrasar la proliferación de células cancerígenas. La clorofila también podría ser antiinflamatoria y bactericida, además de limpiar las bacterias dañinas del intestino. Recomendado por sus propiedades antienvejecimiento, también hay indicios de que evitaría la aparición de canas y mejoraría el estado de la piel. Asimismo, el consumo habitual de jugo de trigo germinado regularía los niveles de glucosa, por lo que sería una opción ideal en caso de diabetes o dietas de adelgazamiento.

- Antioxidantes para prevenir enfermedades.
- Podría mejorar el perfil sanguíneo y retrasar la proliferación de células cancerígenas.
- Tónico digestivo que también podría mejorar el estado del cabello y la piel y regular el nivel de glucosa.

Consejos prácticos:

El jugo de trigo germinado tiene un sabor fuerte que no le gusta a todo el mundo. Pruebe a mezclarlo con otros jugos de hortalizas, como tomate o apio. Si lo desea, germine el trigo en casa y, después, corte los brotes y páselos por la licuadora o la batidora.

¿SABÍA QUE...?

El jugo de trigo germinado se utilizó como remedio en la década de 1930, cuando el químico agrícola Charles Schnabel se lo dio a sus gallinas. Los resultados fueron tan buenos que Schnabel empezó a preparar brotes de trigo en polvo para sus familiares y amigos.

VALOR NUTRICIONAL DE 100 G DE JUGO DE BROTES DE TRIGO

Kilocalorías	27
Proteínas	3 g
Grasas	Trazas
Hidratos de carbono	3,6 g
Vitamina C	16 mg
Vitamina B12	Hasta 1 mcg
Vitamina E	3 mg
Calcio	25 mg
Hierro	2,3 mg
Magnesio	28,5 mg
Potasio	147 mg

Batido depurativo de trigo germinado

PARA 2

3-4 zanahorias

1 remolacha (betarraga)

4 ramas de apio

1 pepino

½ limón pelado

1 puñadito de perejil o menta

50 ml de jugo de trigo germinado

agua, al gusto

ramas de apio, para acompañar

Preparación

1 Trocee las hortalizas de modo que quepan en la licuadora.

2 Licúe las hortalizas con el limón y el perejil. Añada el jugo de trigo germinado y agua al gusto. Sirva el batido enseguida, con ramas de apio.

82 MACA

La maca de las montañas de Perú suele consumirse como hortaliza. Es un tubérculo dorado o negro en forma de pera con varias propiedades medicinales.

En Perú se conocen desde hace mucho las propiedades vigorizantes de la planta, y estudios recientes demuestran que en la postmenopausia podría aliviar la ansiedad y la depresión, así como mejorar la libido y la función sexual. Tradicionalmente, las aplicaciones de esta planta han sido el tratamiento de la fatiga, la falta de vitalidad y resistencia física, la hipertensión, la osteoartritis y el estrés. Aunque sus componentes activos no se han estudiado a fondo, podría contener glucosinolatos e isotiocianatos, dos fitoquímicos que previenen cáncer. La maca es rica en minerales esenciales, sobre todo selenio, calcio, magnesio y hierro, todos ellos muy beneficiosos en edad avanzada. Los tubérculos también son una buena fuente de iodina, que favorece la función de la tiroides; una tiroides lenta puede desembocar en aumento de peso, cansancio e hipotiroidismo.

- Los estudios demuestran que la maca podría aliviar la ansiedad y la depresión en la menopausia.
- Podría combatir la fatiga y la falta de resistencia física y actuar como vigorizante general.
- Rica en varios minerales y fitoquímicos anticancerígenos.

Consejos prácticos:
Es difícil encontrar maca fuera de Perú, por lo que suele comprarse seca y como suplemento, ya sea en comprimidos, en polvo o en mermelada. La maca en polvo puede añadirse a batidos, yogures y sopas.

¿SABÍA QUE...?
La maca se conoce como «el ginseng peruano» porque al parecer aumenta la libido y la resistencia física y revitaliza.

VALOR NUTRICIONAL
Actualmente no se dispone de datos nutricionales.

Barritas energéticas

10 UNIDADES

115 g de pacanas (nueces pecán)
115 g de nueces
100 g de dátiles
40 g de aceite de coco
40 g de coco rallado
20 g de maca en polvo
la ralladura de 1 naranja y el zumo
*   (jugo) de ½ naranja*
½ cucharadita de melaza
*   (miel de caña) o miel*
20 g de linaza molida

Preparación

1   Triture las pacanas y las nueces en el robot de cocina o la batidora hasta obtener una consistencia de pan rallado. Resérvelas en un bol.

2   Triture los dátiles, el aceite de coco, el coco rallado, la maca, la ralladura y el zumo de naranja, la melaza y la linaza en el robot hasta obtener una pasta espesa. Devuelva los frutos secos al robot y tritúrelo todo junto hasta que se amalgamen los ingredientes.

3   Presione la pasta en un molde cuadrado de 18 cm engrasado. Refrigérela 1 hora.

4   Corte la pasta refrigerada en 10 barritas. Si lo desea, guárdelas en un recipiente hermético en el frigorífico y consúmalas en el plazo de dos semanas.

83 POLEN

El polen es un remedio medicinal desde hace siglos. Podría aumentar la longevidad y la vitalidad, así como prevenir enfermedades como el cáncer.

El polen procede de las flores que las abejas visitan en busca de alimento. Mientras liban el néctar, el polen se adhiere a sus cuerpos y, después, este se recolecta en las colmenas. Se dice que es el alimento natural más rico en micronutrientes, y contiene todas las vitaminas y minerales que el ser humano necesita. Al parecer podría aumentar la resistencia física, la fuerza y la vitalidad y aliviar el cansancio, el desánimo y la ansiedad en la menopausia. Contiene muchos fitoquímicos con una potente acción antioxidante, como varios flavonoides como la rutina, que refuerza los capilares y podría prevenir las varices; la quercetina, que protege el corazón, y la miricetina, que reduce el colesterol «malo». También podría ayudar a adelgazar, aportar luminosidad a la piel madura, calmar el deseo de comer dulces, reforzar el sistema inmunitario y prevenir el cáncer, aunque no está plenamente demostrado.

- Podría mejorar varios síntomas de la menopausia, como el cansancio, el desánimo y la ansiedad.
- Revitalizante que podría mejorar la resistencia y la vitalidad.
- Se relaciona con la prevención de cardiopatías y cáncer.

Consejos prácticos:

Si bien puede comprar el polen fresco directamente al apicultor, en general se vende en forma de gránulos o comprimidos en tiendas de dietética, aunque con diferencias de calidad y concentración.

Copos de avena con plátano y polen

PARA 4

200 g de copos de avena

700 ml de leche

700 ml de agua

4 cucharadas de yogur natural

3 plátanos (bananas) en rodajas

4 cucharadas de polen

Preparación

1 Ponga los copos de avena en una cazuela, añada la leche y el agua y llévelo a ebullición, removiendo de vez en cuando.

2 Cuézalo de 8 a 10 minutos a fuego lento, removiendo, hasta que se espese. Déjelo reposar 1 minuto.

3 Reparta los copos de avena entre 4 boles. Añada el yogur, las rodajas de plátano y el polen y sírvalo.

84

GERMEN DE TRIGO

El germen de trigo es la pequeña parte central del grano, y es muy nutritivo. En polvo constituye un suplemento ideal en la menopausia.

El embrión del grano de trigo reúne todos los nutrientes que necesita este cereal. Es muy rico en vitaminas, sobre todo vitamina E, un potente antioxidante que protege el corazón y también se relaciona con la prevención del cáncer, la disminución de sofocos y una mejora de la memoria y la piel seca. La vitamina E también regula los niveles de glucosa, lo que resulta beneficioso en caso de diabetes o dietas de adelgazamiento. El germen de trigo también es muy rico en cinc, un mineral muy útil en la menopausia porque regula las hormonas y neutraliza los síntomas, además de aumentar la libido. Otros de sus nutrientes son el magnesio, para proteger el corazón y los huesos; potasio, para prevenir la hipertensión y la retención de líquidos, y hierro, para la vitalidad y el rendimiento mental. Más del 5% de la grasa que contiene son ácidos grasos omega-3, que aportan múltiples beneficios y están relacionados con una menor incidencia de cardiopatías y alzhéimer.

- Muy rico en vitamina E, que protege el corazón y alivia síntomas de la menopausia.
- El cinc regula las hormonas y mejora la libido y la piel.
- Ácidos grasos omega-3 que protegen el cerebro y el corazón.

Consejos prácticos:
Añádalo a los cereales del desayuno, la fruta o el yogur, o a sopas y batidos. Refrigérelo, ya que podría enranciarse con el calor, y consúmalo al cabo de unas semanas de haber abierto el envase.

¿SABÍA QUE...?

El trigo es un cereal muy antiguo. Probablemente originario del sudeste asiático, se consume desde hace más de 12 000 años. Hasta el siglo pasado no se conocía la harina blanca refinada, a la que se le ha retirado el germen.

VALOR NUTRICIONAL DE 20 G DE GERMEN DE TRIGO

Kilocalorías	71
Proteínas	5,3 g
Grasas	1,8 g
Hidratos de carbono	9 g
Fibra	3 g
Vitamina E	4,4 g
Niacina	0,9 g
Vitamina B6	0,7 g
Magnesio	54 mg
Potasio	190 mg
Cinc	3,4 mg
Hierro	1,7 mg
Fósforo	210 mg

Magdalenas de germen de trigo, plátano y pipas de calabaza

12 UNIDADES

140 g de harina

1 cucharada de levadura en polvo

115 g de azúcar

140 g de germen de trigo

85 g de pipas de calabaza (semillas de calabaza)

2 plátanos (bananas)

unos 150 ml de leche desnatada

2 huevos

6 cucharadas de aceite de girasol

Preparación

1 Precaliente el horno a 200 °C. Coloque moldes de papel en un molde para 12 magdalenas. Tamice la harina con la levadura en un bol grande. Incorpore el azúcar, el germen de trigo y 50 g de las pipas de calabaza.

2 Chafe los plátanos en un bol grande. Incorpore leche hasta obtener 250 ml de puré.

3 Bata un poco los huevos en un bol grande e incorpore el puré de plátano y el aceite. Haga un hoyo en el centro de los ingredientes secos y vierta el líquido. Remueva con suavidad hasta obtener una pasta homogénea, pero no la trabaje en exceso.

4 Reparta la pasta entre los moldes de papel. Esparza las pipas de calabaza restantes por encima. Cueza las magdalenas en el horno precalentado 20 minutos, hasta que suban, se doren y se noten consistentes al tacto.

5 Deje reposar las magdalenas 5 minutos y sírvalas templadas, o bien déjelas enfriar del todo en una rejilla metálica.

6

Frutos secos, semillas y aceites

Los frutos secos, las semillas y los aceites vegetales
ocupan un lugar muy destacado y habitual en nuestra dieta.
Ricos en grasas saludables y proteínas, los frutos secos
y las semillas poseen propiedades extraordinarias, como por
ejemplo el mantenimiento de la densidad ósea y la piel, la
prevención de diabetes y cardiopatías, e incluso la pérdida
o el control del peso.

(L) Ayuda a mantener la línea

(F) Fuente de fibra

(H) Fortalece y protege los huesos

(C) Saludable para el corazón

(A) Mejora el estado anímico

(P) Bueno para la piel

85 ALMENDRAS

Las almendras dulces son muy ricas en vitamina E, que alivia varios síntomas de la menopausia. Un pequeña cantidad contiene la mitad de la dosis diaria recomendada.

Las almendras son ricas en vitamina E, un antioxidante que previene los sofocos, la sudoración nocturna, la piel seca, el cáncer y las cardiopatías. Asimismo, calma el dolor de la osteoartritis y mejora la memoria. Como contienen mucha grasa, el organismo tarda mucho tiempo en digerir las almendras, por lo que son saciantes. Varios estudios coinciden en que regulan el apetito y se recomiendan para mantener la línea. En proporción, son más ricas en calcio que otros vegetales, por lo que son un buen aporte para la dieta de las mujeres que no consumen lácteos y deben prevenir la osteoporosis. Son una buena fuente de grasas monoinsaturadas, que regulan el colesterol, bajando el «malo» y subiendo el «bueno».

- La vitamina E alivia varios síntomas de la menopausia.
- Regulan el apetito, impiden el aumento de peso y estabilizan el nivel de glucosa.
- Excelente fuente de calcio para fortalecer los huesos y de grasas monoinsaturadas para regular el colesterol.

Consejos prácticos:
Guárdelas en un lugar frío y seco, mejor si está a oscuras. Cómprelas con cáscara o, al menos, sin escaldar para aprovechar todos sus nutrientes. Las almendras son un buen complemento del pollo, el arroz y los orejones de albaricoque, en forma de ensalada, por ejemplo.

¿SABÍA QUE...?

Las almendras son las semillas en forma de hueso del fruto del almendro. Probablemente originarias del norte de África y Asia occidental, están documentadas desde hace 2000 años.

VALOR NUTRICIONAL DE 25 G DE ALMENDRAS

Kilocalorías	177
Proteínas	6,4 g
Grasas	15,7 g
Hidratos de carbono	5,6 g
Fibra	3 g
Vitamina E	7,4 mg
Niacina	1 mg
Calcio	71 mg
Potasio	198 mg
Magnesio	80 mg
Hierro	1 mg
Cinc	0,9 mg

Rollitos de almendra y pistacho a la naranja

PARA 4

55 g de almendras escaldadas
15 g de pistachos
3 cucharadas de miel
85 g de pan del día anterior rallado
la ralladura de ½ naranja
1 cucharada de aceite de sésamo
4 redondeles de papel de arroz
*   asiático*
piel de naranja en juliana,
*   para adornar*

Preparación

1   Tueste las almendras y los pistachos en una sartén antiadherente. En cuanto empiecen a dorarse, apártelos del calor.

2   Caliente la miel en una cazuela a fuego lento y añada los frutos secos, el pan rallado, la ralladura de naranja y el aceite de sésamo.

3   Remueva sin parar 5 minutos hasta que los ingredientes del relleno se espesen y formen una pasta. Apártelo del fuego y déjelo enfriar.

4   Extienda los redondeles de papel en la encimera y píntelos con agua templada. Reparta el relleno entre los redondeles de modo que quede en el centro en forma de cilindro. Doble los rollitos, adórnelos con la piel de naranja y sírvalos.

86 ANACARDOS

Dulces y de sabor suave, los anacardos constituyen un aperitivo saludable porque contienen varios nutrientes beneficiosos en la menopausia.

Los anacardos, unos de los frutos secos más bajos en calorías y grasas, son un buen aperitivo en la menopausia, cuando suele ganarse peso. Los frutos secos se recomiendan para mantener la línea porque ejercen un efecto positivo en los niveles de glucosa después de comer, evitando las subidas de azúcar y liberando insulina. También son ricos en vitaminas del grupo B, que previenen cardiopatías y arteriosclerosis, dos afecciones cuya incidencia aumenta considerablemente a partir de la menopausia. Un estudio exhaustivo ha demostrado que el consumo de crema de frutos secos redujo una quinta parte la mortalidad por estas causas. Los anacardos son muy ricos en ácido oleico, la grasa que contiene el aceite de oliva, que también previene cardiopatías. Además, son muy ricos en magnesio, cinc y hierro, tres nutrientes beneficiosos para la salud de la mujer en esta etapa de la vida.

- Bajos en calorías y en grasa y ricos en proteínas para mantener la línea.
- Controlan las subidas de azúcar y la liberación de insulina después de comer.
- Previenen cardiopatías mediante varios mecanismos.

Consejos prácticos:

Añada un puñado de anarcados a la ensalada o a los salteados de hortalizas al final de la cocción. Los crudos son mucho más sanos que los tostados, ya que el calor destruye parte de los nutrientes,

¿SABÍA QUE...?

Hasta que los anacardos empezaron a importarse a Europa, en Brasil, su país de origen, el árbol homónimo era muy apreciado por su madera y no por sus frutos.

VALOR NUTRICIONAL DE 25 G DE ANACARDOS

Kilocalorías	166
Proteínas	5,5 g
Grasas	13 g
Hidratos de carbono	9 g
Fibra	1 g
Tiamina (vitamina B1)	0,1 mg
Niacina	0,3 mg
Vitamina B6	0,12 mg
Potasio	198 mg
Magnesio	88 mg
Hierro	2 mg
Cinc	1,7 mg

Salteado de tofu y anacardos al jengibre

PARA 4

1 cucharada de aceite de coco

1 trozo de jengibre de 4 cm en dados

3 cebolletas (cebolletas tiernas) en rodajas

2 dientes de ajo picados

1 pimiento (ají) rojo y 1 amarillo sin pepitas y en rodajas

2 zanahorias en bastoncitos

100 g de tirabeques

150 g de anacardos (castañas de cajú)

½ col (repollo) china en tiras

25 g de brotes de soja

200 g de tofu en dados

1 cucharada de salsa clara de soja

1 cucharadita de aceite de sésamo

Preparación

1 Caliente el aceite de coco en un wok grande. Saltee el jengibre, la cebolleta y el ajo 2 o 3 minutos.

2 Añada el pimiento, la zanahoria, los tirabeques y los anacardos y saltéelo todo 4 o 5 minutos.

3 Agregue la col, los brotes de soja, el tofu, la salsa de soja y el aceite de sésamo. Saltéelo 4 o 5 minutos, tape el wok y déjelo 3 o 4 minutos más al fuego.

4 Destape el wok y saltéelo 1 minuto antes de servirlo.

87

NUECES DE BRASIL

Excelente fuente de selenio, que combate las enfermedades asociadas al envejecimiento y alivia los cambios de humor.

Las nueces de Brasil son unos de los frutos secos más ricos en grasa, aunque la mayoría es monoinsaturada y parte de la restante es ácido linoleico omega-6, que es esencial para disfrutar de una buena salud y prevenir enfermedades. También son muy ricas en selenio, con propiedades anticancerígenas y antidepresivas. Muchas mujeres presentan una carencia de este mineral, pero bastan un par de nueces de Brasil para concentrar la dosis diaria recomendada. Son una buena fuente de magnesio, que previene cardiopatías, y cinc, que regula las hormonas y neutraliza los sofocos y la sudoración nocturna. Asimismo, son ricas en fibra, por lo que resultan saciantes y previenen el estreñimiento; de calcio, para fortalecer los huesos, y de vitamina E, de efecto antioxidante.

¿SABÍA QUE...?

Según los estudios, el consumo habitual de nueces de Brasil reduce a la mitad la incidencia de infarto de miocardio.

VALOR NUTRICIONAL DE 25 G DE NUECES DE BRASIL

Kilocalorías	197
Proteínas	4,3 g
Grasas	19,9 g
Hidratos de carbono	3,7 g
Fibra	2,3 g
Vitamina E	1,7 mg
Calcio	48 mg
Potasio	198 mg
Magnesio	113 mg
Cinc	1,2 mg
Selenio	575 mcg

- Antioxidantes, antienvejecimiento y anticancerígenas.
- Muy ricas en selenio, un mineral que favorece el bienestar y es anticancerígeno y suele estar poco presente en la dieta moderna.
- Ricas en magnesio, que protege el corazón y los huesos.
- Buena fuente de vitaminas, que mantiene la piel joven.

Consejos prácticos:

Con cáscara se conservan hasta seis meses en un lugar frío, seco y oscuro. Si están peladas, refrigérelas y consúmalas en las semanas siguientes porque se enrancian enseguida.

Copos de avena con frutos secos

PARA 8

aceite de cacahuete (cacahuate),
   para untar
90 g de copos de avena
25 g de piñones
40 g de pistachos o avellanas
40 g de almendras
40 g de nueces de Brasil troceadas
2 cucharadas de pipas de girasol
2 cucharadas de pipas de calabaza
   (semillas de calabaza)
1 cucharada de linaza
50 g de orejones de albaricoque
   (damasco) picados
40 g de pasas sultanas
1 cucharadita de canela molida

Preparación

1 Caliente una sartén antiadherente a fuego medio y úntela con un
poco de aceite. Tueste los copos de avena y los piñones, sin dejar
de remover, de 8 a 10 minutos, o hasta que desprendan su aroma
y empiecen a dorarse. Déjelos enfriar.

2 Pase la avena y los piñones tostados a un bol, añada los
ingredientes restantes y mézclelo bien. Guárdelo en un recipiente
hermético en el frigorífico.

AVELLANAS

Las avellanas son ricas en potasio, que previene la retención de líquidos y baja la tensión arterial. También contienen esteroles, que bajan el colesterol.

El 79% de la grasa de las avellanas es monoinsaturada y solo el 7,5% es saturada. Se ha demostrado que las grasas monoinsaturadas bajan el colesterol «malo» e incluso aumentan un poco el «bueno». Las avellanas también son ricas en beta-sitosterol, una grasa vegetal que previene el cáncer de mama y baja el colesterol. Contienen abundante vitamina E, que protege la piel, el corazón y el sistema inmunológico, además de aliviar síntomas de la menopausia como sofocos y pérdida de memoria. La vitamina E también interactúa con el hierro para aumentar la cantidad de glóbulos rojos. El potasio regula la hipertensión, mientras que el magnesio protege el corazón y fortalece los huesos. Las avellanas también son una buena fuente de fibra soluble, que baja el colesterol «malo».

- Ricas en grasas monoinsaturadas y fibra soluble, que mejoran el perfil sanguíneo.
- Beta-sitosterol, que reduce la incidencia de cáncer de mama.
- Vitamina E para aliviar síntomas de la menopausia.

Consejos prácticos:
Las avellanas se conservan mejor que otros frutos secos porque contienen grasas poliinsaturadas y la vitamina E actúa de conservante. Combinan bien con calabaza, chocolate, naranjas y peras.

¿SABÍA QUE...?

En España, el cultivo de avellanos se concentra en la zona de Reus y en Asturias, donde las avellanas se recolectan en otoño.

VALOR NUTRICIONAL DE 25 G DE AVELLANAS

Kilocalorías	188
Proteínas	4,5 g
Grasas	18,2 g
Hidratos de carbono	5 g
Fibra	2,9 g
Vitamina E	4,5 mg
Niacina	0,5 mg
Vitamina B6	0,16 mg
Ácido fólico	34 mcg
Potasio	204 mg
Magnesio	49 mg
Hierro	1,4 mg
Cinc	0,7 mg

Ensalada de calabacín y avellanas con queso de cabra

PARA 4

4-6 calabacines (zapallitos)
    pequeños en láminas finas
el zumo (jugo) de 1 limón
2 cucharadas de aceite de oliva
6-8 hojas de albahaca troceadas
60 g de avellanas tostadas
    y picadas
300 g de queso de cabra
    desmenuzado

Preparación

1 Ponga el calabacín en un bol y condiméntelo con el zumo de limón, el aceite y la albahaca.

2 Para servir, reparta el calabacín entre 4 platos y esparza las avellanas y el queso por encima.

89

PISTACHOS

El consumo de pistachos en la menopausia es una buena costumbre, ya que son ricos en esteroles vegetales, que regulan las hormonas, y en nutrientes saludables.

Los pistachos son ricos en beta-sitosteroles, compuestos vegetales similares a los estrógenos que neutralizan síntomas de la menopausia como los sofocos y el desánimo. Los esteroles vegetales también bajan el colesterol «malo» y previenen el cáncer. Son una buena fuente de fibra, incluida fibra soluble, que también baja el colesterol y previene el síndrome de colon irritable y el estreñimiento. Los pistachos son muy ricos en potasio, que controla la hipertensión y reduce la hinchazón de estómago. Ricos en hierro, previenen la anemia y mejoran la vitalidad, el estado de ánimo y el rendimiento mental. También son una buena fuente de proteínas, menos grasos que otros frutos secos y unos de los pocos que contienen luteína y zeaxantina, dos compuestos que protegen la vista.

- Los esteroles bajan el colesterol y podrían prevenir el cáncer.
- El potasio controla la hipertensión y la retención de líquidos.
- Ricos en fibra, parte de ella soluble, para ayudar al sistema digestivo y regular el colesterol.
- Regulan el nivel de glucosa en sangre.

Consejos prácticos:

Los pistachos constituyen un magnífico aperitivo. Son un buen complemento para la macedonia y pueden esparcirse sobre la pasta o el arroz antes de servirlos.

¿SABÍA QUE...?

Los pistachos son unos de los pocos frutos secos que contienen betacaroteno, que se concentra en el pigmento verde.

VALOR NUTRICIONAL DE 25 G DE PISTACHOS

Kilocalorías	**169**
Proteínas	**6 g**
Grasas	**13,5 g**
Hidratos de carbono	**8,5 g**
Fibra	**3 g**
Niacina	**0,4 mg**
Vitamina B6	**0,5 mg**
Vitamina E	**0,7 mg**
Calcio	**32 mg**
Potasio	**308 mg**
Magnesio	**36 mg**
Hierro	**1,2 mg**
Cinc	**0,7 mg**
Luteína/Zeaxantina	**422 mcg**

Cuscús con especias y pistachos

PARA 4-6

350 g de cuscús

½ cucharadita de sal

400 ml de agua templada

1-2 cucharadas de aceite de oliva

1-2 cucharadas de mantequilla

unas hebras de azafrán

115 g de almendras escaldadas

115 g de pistachos sin sal

1-2 cucharaditas de mezcla
   de especias Ras el hanout

115 g de dátiles secos,
   previamente remojados,
   en rodajitas

115 g de orejones de albaricoque
   (damasco) en rodajitas

2 cucharaditas de canela molida,
   para adornar

Preparación

1 Ponga el cuscús en un bol. Disuelva la sal en el agua y añada
   el cuscús. Tápelo y déjelo 10 minutos en remojo.

2 Aliñe el cuscús con el aceite. Con los dedos, incorpore el aceite
   a los granos al tiempo que deshace los grumos y lo ahueca.

3 Caliente la mantequilla en una sartén de base gruesa y rehogue
   el azafrán, las almendras y los pistachos un par de minutos,
   removiendo, hasta que los frutos secos empiecen a dorarse y a
   desprender su aroma. Incorpore las especias Ras el hanout y,
   después, los dátiles y los orejones. Remueva 2 minutos. Añada
   el cuscús, mézclelo bien y espere a que se caliente.

4 Apile el cuscús en forma de montoncito en una fuente. Adórnelo
   con la canela molida y sírvalo enseguida.

90 PACANAS

Las pacanas son unos de los frutos secos más ricos en esteroles vegetales, por lo que son muy valiosos en la menopausia.

VALOR NUTRICIONAL DE 25 G DE PACANAS

Kilocalorías	207
Proteínas	2,7 g
Grasas	21,6 g
Hidratos de carbono	4 g
Fibra	2,9 g
Vitamina E	0,4 mg
Tiamina	0,2 mg
Niacina	0,3 mg
Colina	12,2 mg
Potasio	123 mg
Magnesio	36 mg
Calcio	21 mg
Hierro	0,8 mg
Cinc	1,4 mg

Si quiere proteger la piel, los órganos, las arterias y los huesos del envejecimiento, tome pacanas. Contienen muchos nutrientes y fitoesteroles (compuestos vegetales) beneficiosos en la menopausia. Al parecer, los fitoesteroles mejoran la utilización de los estrógenos por parte del organismo, bajan el colesterol «malo» y previenen el cáncer de mama. El consumo habitual de frutos secos también se relaciona con una menor incidencia de diabetes de tipo 2. Como otros frutos secos, las pacanas ayudan a mantener la línea, y son una buena fuente de minerales que protegen los huesos, tiamina para favorecer el rendimiento mental, y vitamina E y cinc para tener la piel tersa y sana. Casi tres cuartas partes de la grasa de las pacanas es ácido oleico, el ácido graso omega-9 que también se encuentra en el aceite de oliva. El ácido oleico se conoce por sus propiedades cardiosaluda-bles, ya que baja el colesterol «malo» y mantiene o sube el «bueno».

• Contienen esteroles vegetales que activan el metabolismo de los estrógenos y bajan el colesterol.
• Previenen la diabetes de tipo 2 y ayudan a mantener la línea.
• Minerales para proteger los huesos y vitamina E y cinc para la piel.

Consejos prácticos:
Las pacanas son el aperitivo ideal puesto que mantienen el nivel de glucosa estable. Crudas concentran todos los compuestos beneficiosos. Añádalas a la fruta o a las ensaladas.

Champiñones rellenos de pacanas y arroz

PARA 4

1 cucharada de aceite de oliva

4 cebolletas (cebolletas tiernas) en rodajitas

¼-½ cucharadita de copos de guindilla

4 champiñones Portobello grandes

100 g de arroz basmati integral

700 ml de caldo de verduras hirviendo

50 g de pacanas (nueces pecán) picadas

70 g de queso manchego rallado

1 cucharada de perejil picado

sal y pimienta

Preparación

1 Precaliente el horno a 180°C.

2 Caliente el aceite en una cazuela y rehogue la cebolleta y la guindilla un par de minutos.

3 Separe los pies de los champiñones, píquelos y añádalos a la cazuela. Rehóguelo todo 2 minutos. Incorpore el arroz, vierta el caldo y llévelo a ebullición. Cuézalo 25 minutos, hasta que el arroz esté hecho.

4 Disponga los sombreros de los champiñones en la bandeja del horno y áselos en el horno precalentado 10 minutos.

5 Incorpore las pacanas, el queso, el perejil, sal y pimienta al arroz y rellene los champiñones. Áselos en el horno 10 minutos y sírvalos enseguida.

91 PIÑONES

Los piñones son una fuente de ácidos grasos omega-3, que aportan beneficios a la mujer. También contienen proteínas, vitamina E, cinc y esteroles vegetales.

Las pequeñas semillas tiernas del pino poseen un delicado pero característico sabor. Son muy ricos en grasa, un 60% de la cual es poliinsaturada. Contienen el ácido alfa-linolenico omega-3, un ácido graso cardiosaludable, y ácido gamma-linoleico, que se relaciona con una mejora de síndromes como sofocos, cambios de humor y sudoración nocturna. Además, estas grasas mejoran el rendimiento mental y combaten la depresión. Los piñones son una buena fuente de vitamina E y cinc, dos antioxidantes que aumentan la libido, mejoran el estado de la piel y son saludables para el corazón. También contienen esteroles y estanoles, que bajan el colesterol y refuerzan el sistema inmunológico.

- Grasas poliinsaturadas para reducir síntomas de la menopausia.
- Ácido alfa-linolénico y vitamina E saludables para el corazón.
- Ricos en esteroles vegetales que bajan el colesterol y refuerzan el sistema inmunológico.

Consejos prácticos:

Los piñones pueden enriquecer los cereales del desayuno y las ensaladas, o bien adornar sopas y platos de hortalizas. Triturados con hojas de albahaca, parmesano rallado y aceite de oliva constituyen un pesto delicioso para condimentar la pasta.

¿SABÍA QUE...?

Las distintas variedades de piñones, desde las procedentes de los países mediterráneos hasta las de Asia y Estados Unidos, aportan los mismos nutrientes.

VALOR NUTRICIONAL DE 15 G DE PIÑONES

Kilocalorías	101
Proteínas	2 g
Grasas	10 g
Hidratos de carbono	2 g
Fibra	0,6 g
Vitamina E	1,4 mg
Potasio	90 mg
Magnesio	38 mg
Hierro	0,8 mg
Cinc	1 mg

Tallarines con espinacas y piñones al limón

PARA 4

375 g de tallarines o pasta integral

100 g de piñones

2 cucharadas de aceite de oliva

200 g de hojas tiernas de espinaca

la ralladura y el zumo (jugo)

de 1 limón

pimienta

parmesano recién rallado,

para servir (opcional)

Preparación

1 Cueza los tallarines en una cazuela de agua con sal de 8 a 10 minutos, hasta que estén al dente. Mientras tanto, tueste los piñones en una sartén grande a fuego lento hasta que se doren.

2 Sin retirarlos de la sartén, rocíe los piñones con el aceite. Cuando esté caliente, eche las espinacas. Remueva para que se impregnen bien, tape la sartén y deje ablandar las hojas a fuego medio.

3 Escurra los tallarines, devuélvalos a la cazuela e incorpore las espinacas con piñones. Añada la ralladura y el zumo de limón, sazone con pimienta y remueva.

4 Sírvalos enseguida, si lo desea espolvoreados con parmesano.

92 NUECES

Las nueces son muy ricas en ácidos grasos omega-3 y previenen cardiopatías, cáncer, artritis, afecciones cutáneas y depresión.

Al contrario que la mayoría de los frutos secos, las nueces son mucho más ricas en grasas poliinsaturadas que monoinsaturadas. Se encuentran sobre todo en forma de ácido alfa-linolénico omega-3, una grasa especial que el organismo transforma en grasas esenciales DHA y EPA. El consumo adecuado y equilibrado de ácidos grasos omega se ha relacionado con la prevención de envejecimiento prematuro, cardiopatías, cáncer, artritis, afecciones cutáneas y depresión, y podría mejorar el rendimiento mental. En la mediana edad, una ración diaria de nueces previene la acumulación de grasa abdominal, que suele darse en este periodo. El elevado contenido en colina reduce el nivel de homocisteína en la sangre y es saludable para el corazón, además de reducir la incidencia de cáncer de mama.

- Ricas en ácidos grasos omega-3 y antioxidantes saludables.
- Previenen la acumulación de grasa abdominal.
- Regulan el colesterol y la hipertensión, por lo que previenen cardiopatías.

Consejos prácticos:

Debido al elevado contenido en grasas poliinsaturadas, las nueces se enrancian enseguida, por lo que es mejor refrigerarlas. Evite picarlas, de lo contrario perderían nutrientes. Tómelas como aperitivo, con los cereales del desayuno o con yogur, o píquelas y mézclelas con aceite y parmesano para preparar pesto.

¿SABÍA QUE...?

Existen varias especies de nogal, pero la variedad más cultivada es el nogal común o europeo *(Juglans regia)*, que en realidad es originario de la India.

VALOR NUTRICIONAL DE 25 G DE NUECES

Kilocalorías	196
Proteínas	4,5 g
Grasas	19,5 g
Hidratos de carbono	4 g
Fibra	2 g
Niacina	0,3 mg
Vitamina B6	0,16 mg
Colina	11,8 mg
Calcio	29 mg
Potasio	132 mg
Magnesio	47 mg
Hierro	0,9 mg
Cinc	0,9 mg

Pan de nueces y pacanas

PARA 4

450 g de harina, y un poco más
    para espolvorear

1 cucharadita de bicarbonato

1 cucharadita de crémor tártaro

1 cucharadita de sal

1 cucharadita de azúcar

50 g de nueces picadas

50 g de pacanas (nueces pecán)
    picadas

300 ml de suero de mantequilla

Preparación

1 Precaliente el horno a 180°C. Espolvoree la bandeja del horno con harina.

2 Tamice la harina con el bicarbonato, el crémor tártaro y la sal en un bol grande. Incorpore el azúcar, las nueces y las pacanas. Añada el suero de mantequilla y remueva hasta obtener una masa homogénea.

3 Con las manos enharinadas, trabaje un poco la masa sobre la encimera espolvoreada con harina, dele forma de pan redondo de 20 a 25 cm de diámetro y páselo a la bandeja. Marque una cruz en la parte superior.

4 Cueza el pan en el horno precalentado 30 minutos. Después, tápelo con papel de aluminio y cuézalo 15 minutos más.

5 Sáquelo del horno y déjelo enfriar un poco. Sírvalo templado, cortado en rebanadas.

93

LINAZA

La linaza, la semilla del lino, es muy nutritiva. No hace falta tomarla en grandes cantidades para que surta efecto en la menopausia.

La linaza es rica en ácido alfa-linolénico, que el organismo transforma parcialmente en EPA y DHA, los dos ácidos grasos omega-3 del aceite de pescado. Este ácido graso esencial reduce la cantidad de colesterol «malo» del torrente sanguíneo y previene la formación de coágulos, además de mejorar el estado de ánimo y aliviar la depresión. La linaza es una buena fuente de colina, un nutriente que favorece el metabolismo de las grasas y mejora la memoria. También es rica en fibra soluble e insoluble, ambas esenciales para mantener el sistema digestivo en buen estado. Asimismo, contiene lignanos, fitoquímicos que ejercen un efecto estrogénico y neutralizan los sofocos y la sudoración nocturna.

- Contiene colina, necesaria para procesar las grasas de la sangre y beneficiosa para la memoria.
- El ácido alfa-linolénico previene la formación de coágulos y alivia la depresión.
- Los lignanos neutralizan los sofocos y la sudoración nocturna.

¿SABÍA QUE...?

Los estudios revelan que el consumo habitual de unos 25 g diarios de linaza reduce los niveles de colesterol «malo» en la sangre. El consumo diario también podría reducir la incidencia de cáncer de mama.

VALOR NUTRICIONAL DE 15 G DE LINAZA DORADA

Kilocalorías	80
Grasas	6,3 g
Proteínas	2,7 g
Hidratos de carbono	4,3 g
Fibra	4,1 g
Potasio	122 mg
Calcio	38 mg
Magnesio	59 mg
Hierro	0,9 mg
Cinc	0,65 mg
Colina	11,8 mg

Consejos prácticos:

Guárdela en un recipiente opaco hermético en un lugar oscuro y consúmala en el transcurso de 6 a 8 semanas, ya que los ácidos grasos omega-3 se enrancian enseguida. Añada la linaza a los cereales del desayuno o al yogur, espárzala sobre ensaladas y macedonias, incorpórela a las salsas para condimentar pasta o añádala a platos de hortalizas antes de servirlos.

Copos de avena con zumo de manzana y linaza

PARA 2

150 g de copos de avena

150 ml de zumo (jugo) de manzana
    recién licuado

75 ml de leche semidesnatada

100 ml de yogur con bífidus

2 manzanas de postre pequeñas
    sin el corazón y ralladas
    (con piel)

2 cucharaditas de linaza dorada

1 puñado de arándanos

6 mitades de nuez

Preparación

1 Ponga los copos de avena en un bol y añada el zumo
de manzana. Tápelo con film transparente y refrigérelo toda
la noche.

2 Cuando vaya a servirlo, incorpore la leche, el yogur, la manzana
rallada y la linaza. Repártalo entre 2 boles y esparza los arándanos
y las nueces por encima.

94

PIPAS DE CALABAZA

Las pipas de calabaza son ricas en esteroles, que previenen el cáncer hormonodependiente. Además, son una buena fuente de vitaminas y minerales antioxidantes.

Las pipas de calabaza contienen esteroles que favorecen la eliminación del colesterol «malo» del organismo, además de inhibir el crecimiento de células cancerígenas en las mamas y el útero. Son un buena fuente de varios minerales, sobre todo cinc y hierro. El cinc es un antioxidante que protege el sistema inmunológico. También regula las hormonas en la menopausia y la postmenopausia, por tanto neutraliza síntomas como los sofocos. El hierro es esencial para los glóbulos rojos, la vitalidad y el rendimiento mental. Las pipas de calabaza también contienen ácidos grasos omega-3, vitamina E, ácido fólico y magnesio, todos ellos saludables para el corazón.

- Contienen esteroles para prevenir cáncer de mama y útero.
- Ricas en cinc, que regula las hormonas y refuerza el sistema inmunológico.
- Contiene hierro para mantener un perfil sanguíneo bueno y aumentar la vitalidad.

Consejos prácticos:
Las pipas de calabaza son un magnífico aperitivo. Pruebe a añadirlas a una mezcla de frutos secos o al yogur. También puede tostarlas un poco, molerlas y añadirlas a hamburguesas de hortalizas/frutos secos/tofu o esparcirlas por encima del pan antes de cocerlo en el horno. Si cultiva o compra calabazas, lave las pipas y déjelas secar.

¿SABÍA QUE...?
Los indios americanos utilizaban las pipas de calabaza como alimento y remedio medicinal. A finales del siglo XIX, la farmacopea de Estados Unidos las documentaba como medicina para tratar enfermedades estomacales y digestivas.

VALOR NUTRICIONAL DE 15 G DE PIPAS DE CALABAZA

Kilocalorías	81
Proteínas	3,7 g
Grasas	6,9 g
Hidratos de carbono	2,7 g
Fibra	0,6 g
Niacina	0,3 mg
Vitamina E	0,3 mg
Ácido fólico	8 mcg
Potasio	121 mg
Magnesio	80 mg
Hierro	2,2 mg
Cinc	1,1 mg

Pilaf de cuscús, garbanzos y pipas de calabaza

PARA 4

200 g de cuscús

350 ml de caldo de verduras

1 pimiento (ají) amarillo grande sin pepitas y picado

4 cebolletas (cebolletas tiernas) picadas

10 orejones de albaricoque (damasco) picados

50 g de pasas sultanas

50 g de almendra fileteada tostada

50 g de nueces troceadas

1 cucharada de pipas de calabaza (semillas de calabaza)

150 g de garbanzos (chícharos) cocidos

2 cucharadas de aceite de pipas de calabaza (semillas de calabaza)

Preparación

1 Ponga el cuscús en un bol refractario grande. Caliente el caldo en un cazo y, cuando esté a punto de romper el hervor, viértalo sobre el cuscús y remueva bien. Tápelo y déjelo en remojo 15 minutos para que absorba todo el líquido.

2 Incorpore los ingredientes restantes, excepto el aceite, al cuscús esponjándolo suavemente con un tenedor. Sírvalo enseguida aliñado con el aceite.

95

SEMILLAS DE SÉSAMO

Las semillas de sésamo son saludables para el corazón, alivian la artritis, mejoran los problemas cutáneos y aumentan la libido, por ello son tan valiosas en la menopausia.

Las semillas de sésamo contienen dos tipos de fibra alimentaria especiales, la sesamina y la sesamolina, que forman parte del grupo de los lignanos. Ambas ayudan a bajar el colesterol «malo». El sésamo baja la tensión arterial y contiene esteroles vegetales, que también están indicados en casos de hipercolesterolemia. Otros de sus nutrientes son el cobre, que gracias a su acción antiinflamatoria podría reducir el riesgo de cardiopatías y aliviar el dolor de la artritis; hierro para mejorar la memoria, y cinc para mejorar el estado de la piel y aumentar la libido. Las semillas de sésamo son una fuente importante de calcio para las mujeres que no toman lácteos y magnesio, y su acción conjunta previene la pérdida de densidad ósea en la mediana edad.

• Lignanos y esteroles para bajar el colesterol y la hipertensión.
• Acción antiinflamatoria para neutralizar los síntomas de la artritis.
• Buena fuente de calcio para las mujeres que no toman lácteos.

Consejos prácticos:

Esparza las semillas por encima de hortalizas como brécol o espinacas antes de servirlas, añádalas a las ensaladas de cereales o mézclelas con los cereales del desayuno. También puede añadirlas al pan hecho en casa. En establecimientos especializados encontrará tahín, una pasta de semillas de sésamo con la que se prepara el hummus.

¿SABÍA QUE...?

Hay semillas de sésamo de varios colores, desde crema claro hasta marrón, rojo y negro. Cuanto más oscuras sean, más fuerte será el sabor.

VALOR NUTRICIONAL DE 15 G DE SEMILLAS DE SÉSAMO

Kilocalorías	85
Proteínas	2,5 g
Grasas	7,2 g
Hidratos de carbono	3,9 g
Fibra	2,5 g
Niacina	0,8 mg
Calcio	20 mg
Potasio	61 mg
Magnesio	52 mg
Hierro	1,2 mg
Cinc	1,5 mg

Fideos con tofu y sésamo

PARA 2

*2 cucharaditas de aceite virgen
de coco*

5 cucharadas de tamari

1 cucharada de miel

1 trozo de jengibre de 5 cm picado

*300 g de tofu firme escurrido,
secado y en lonchas de 1 cm
de grosor*

175 g de fideos soba

1 cucharadita de aceite de sésamo

1 zanahoria en dados

3 rábanos en rodajitas

*2 cebolletas (cebolletas tiernas)
en rodajitas al bies*

*25 g de tirabeques en trocitos
al bies*

*1 puñadito de hojas de cilantro
picadas*

*1 cucharadita de semillas
de sésamo*

pimienta

Preparación

1 Precaliente el horno a 190 °C. Caliente el aceite de coco,
3 cucharadas del tamari, la miel y la mitad del jengibre en una
cazuela a fuego medio, removiendo hasta que queden bien
mezclados. Apártelo del calor y añada el tofu, rociándolo bien con
los condimentos. Déjelo macerar 10 minutos.

2 Disponga el tofu macerado en una bandeja de horno antiadherente
y áselo de 20 a 25 minutos, dándole la vuelta una vez, hasta que
se dore.

3 Mientras tanto, cueza los fideos en una cazuela con agua hirviendo
a fuego suave 5 minutos, o siga las indicaciones del envase.
Escúrralos y refrésquelos bien con agua fría. Páselos a un bol.
Mezcle el tamari restante con el jengibre y el aceite de sésamo.
Salpiméntelo y échelo sobre los fideos.

4 Añada la zanahoria, los rábanos, la cebolleta, los tirabeques
y el cilantro a los fideos. Remueva con suavidad.

5 Para servirlo, reparta los fideos entre 2 platos, esparza el sésamo
por encima y añada el tofu.

PIPAS DE GIRASOL

Las pipas de girasol son muy ricas en vitamina E, muy necesaria antes y después de la menopausia. Además, son una buena fuente de otros nutrientes importantes.

Las pipas de girasol son unas de las semillas más ricas en grasa (un 52%). Aun así, buena parte es poliinsaturada y procedente del ácido linoleico, por tanto es saludable. La restante es sobre todo monoinsaturada, que previene cardiopatías. Las pipas de girasol son muy ricas en vitamina E, un potente antioxidante especialmente importante durante y después de la menopausia porque retrasa los signos del envejecimiento, previniendo cardiopatías y artritis y manteniendo la piel en buen estado. Asimismo, hay indicios de que la vitamina E podría neutralizar síntomas de la menopausia como sofocos y sudoración nocturna, falta de memoria y sequedad vaginal. Las pipas de girasol también son ricas en esteroles vegetales, que bajan el colesterol, y antioxidantes como el hierro, el magnesio y el selenio.

- Ricas en ácido linoleico y buena fuente de grasa monoinsaturada.
- Muy ricas en vitamina E, un antioxidante con numerosas propiedades beneficiosas en la menopausia.
- Esteroles vegetales que bajan el colesterol.

Consejos prácticos:

Como son tan grasas, las pipas se estropean y enrancian enseguida. Guárdelas en un lugar frío, seco y oscuro, y congélelas si no va a consumirlas enseguida. Añádalas a ensaladas o los cereales del desayuno o tómelas como aperitivo.

¿SABÍA QUE...?

Las pipas de girasol son una de las mejores fuentes de vitamina E; una cucharada contiene la dosis diaria recomendada. Esta vitamina se asimila mejor a través de la alimentación que con suplementos.

VALOR NUTRICIONAL DE 15 G DE PIPAS DE GIRASOL

Kilocalorías	86
Proteínas	3,4 g
Grasas	7,4 g
Hidratos de carbono	2,8 g
Fibra	1,6 g
Vitamina E	5,3 mg
Niacina	0,7 g
Ácido fólico	34 mcg
Calcio	17 mg
Potasio	103 mg
Magnesio	53 mg
Selenio	8 mcg
Hierro	1 mg
Cinc	0,8 mg

Galletas de albaricoque y pipas de girasol

20 UNIDADES

100 g de mantequilla sin sal
  ablandada
50 g de azúcar demerara
1 cucharada de jarabe de arce
1 cucharada de miel, y un poco
  más para untar
1 huevo grande batido
100 g de harina, y un poco más
  para espolvorear
150 g de harina integral
1 cucharada de salvado de avena
50 g de almendra molida
1 cucharadita de canela molida
75 g de orejones de albaricoque
  (damasco) picados
25 g de pipas de girasol

Preparación

1 Bata la mantequilla con el azúcar en un bol hasta que esté espumosa. Incorpore el jarabe de arce, la miel y el huevo.

2 Añada los dos tipos de harina y el salvado de avena y, después, la almendra y mézclelo bien. Agregue la canela, los orejones y las pipas de girasol y, con las manos enharinadas, mézclelo hasta obtener una masa consistente. Envuélvala en film transparente y refrigérela 30 minutos. Precaliente el horno a 180 °C.

3 Extienda la masa sobre la encimera espolvoreada con un poco de harina hasta obtener un redondel de 1 cm de grosor. Con un cortapastas de 6 cm de diámetro, córtela en 20 redondeles y póngalos en la bandeja. Pinte las galletas con un poco de miel y cuézalas en el horno precalentado 15 minutos, hasta que se doren. Sáquelas del horno y déjelas enfriar en una rejilla metálica.

97

ACEITE DE CACAHUETE

El cacahuete no es un fruto seco sino una legumbre. Su aceite rico en grasas saludables previene los síntomas y las enfermedades asociados a la vejez.

El aceite de cacahuete es rico en grasas monoinsaturadas, que reducen el riesgo de cardiopatías, pero también contiene un 31% de grasas poliinsaturadas, de ahí la presencia de ácidos grasos omega-3. En el organismo, estos ácidos se transforman en EPA y DHA, los aceites saludables del pescado azul que protegen el corazón y el cerebro y previenen la depresión. Gracias a esta saludable combinación, el aceite es ideal para cocinar a altas temperaturas porque no suele oxidarse —por tanto, no produce radicales libres— como los aceites muy ricos en grasas poliinsaturadas. Asimismo, es rico en esteroles vegetales, en concreto cumarinas, que ejercen una potente acción antioxidante y previenen cardiopatías. El aceite de cacahuete es muy rico en vitamina E, otro nutriente cardiosaludable que además neutraliza los sofocos, la sequedad vaginal y las afecciones cutáneas.

- Ideal para cocinar gracias al equilibrio de grasas saludables.
- Contiene ácidos grasos omega-3, que mejoran el estado de ánimo y previenen cardiopatías y alzhéimer.
- La vitamina E puede neutralizar los sofocos.

¿SABÍA QUE...?

Si el aceite es de primera presión en frío, tendrá un color amarillo/ámbar y un sabor más dulce. Este aceite está muy indicado para aliñar ensaladas y hortalizas.

VALOR NUTRICIONAL DE 15 ML DE ACEITE DE CACAHUETE

Kilocalorías	119
Grasas	13,5 g
Grasas monoinsaturadas	6,2 mg
Grasas poliinsaturadas	4,3 mg
Vitamina E	2,2 mg
Esteroles vegetales	28 mg

Consejos prácticos:

El aceite de cacahuete es ideal para freír, asar y saltear. Pruébelo para preparar mayonesa o un aliño diferente. El aceite de primera presión en frío contiene más esteroles y vitamina E y es más perecedero. Guárdelo en un lugar frío, seco y oscuro.

Aliño de wasabi

PARA 4

3 cucharadas de aceite de
   cacahuete (cacahuate)
el zumo (jugo) de ½ lima (limón)
1 cucharadita de wasabi
1 cucharada de salsa de soja
1 cucharadita de aceite de sésamo
½ cucharadita de azúcar moreno
1 cucharada de vinagre de vino
   de arroz

Preparación

1 Bata todos los ingredientes en un cuenco hasta que el azúcar se disuelva. Este aliño va muy bien para las ensaladas verdes.

98

ACEITE DE BACALAO

Remedio tradicional para las articulaciones, el aceite de hígado de bacalao aporta altos niveles de ácidos grasos esenciales omega-3 y es una rica fuente de vitaminas A, D y E.

Se distingue de los suplementos de aceite de pescado omega-3 en que se obtiene del hígado y no de la carne del animal. El hígado de pescado contiene altos niveles de vitaminas A y D. La vitamina A protege los ojos, la vista y la piel, mientras que la vitamina D —que cuesta encontrar en la dieta estándar— es básica para la absorción de calcio y otros minerales. Además de mantener la densidad ósea y prevenir la osteoporosis, la vitamina D también podría detener el progreso de la osteoartritis. Los ácidos grasos omega-3 DHA y EPA del aceite de hígado de bacalao mantienen las articulaciones flexibles y el corazón y la circulación en buen estado. Asimismo, calman el dolor de la artritis, alivian la depresión y mejoran el estado de la piel, las uñas y el cabello. El aceite de hígado de bacalao es muy rico en vitamina E, que previene cardiopatías y reduce la intensidad de los sofocos.

- Contiene ácidos grasos esenciales que favorecen la movilidad de las articulaciones y la flexibilidad y alivian el dolor articular.
- Mejora el estado de la piel, las uñas y el cabello.
- Mantiene los huesos y los dientes fuertes y densos.

Consejos prácticos:

Refrigere el aceite de hígado de bacalao para que conserve mejor sus propiedades. Es mejor tomarlo en forma de suplemento. Si lo utiliza para cocinar, añádalo en el último momento ya que el calor prolongado destruiría las grasas esenciales.

VALOR NUTRICIONAL DE 15 ML DE ACEITE DE HÍGADO DE BACALAO

Kilocalorías	123
Grasas	13,6 g
EPA	938 mg
DHA	1500 mg
Vitamina A	13 600 UI
Vitamina D	1360 UI (34 mcg)
Vitamina E	2,7 mg

Caldereta de pescado

PARA 4-6

unas hebras de azafrán

4 cucharadas de agua hirviendo

5 cucharadas de aceite de oliva

1 cebolla grande picada

2 dientes de ajo picados

1½ cucharadas de tomillo fresco
  picado

2 hojas de laurel

2 pimientos (ajís) rojos sin pepitas
  y troceados

800 g de tomate (jitomate)
  troceado en conserva

1 cucharadita de pimentón dulce
  ahumado

250 ml de caldo de pescado

140 g de almendras escaldadas,
  tostadas y molidas

12-16 mejillones limpios y sin
  barbas

12-16 almejas limpias

600 g de filetes gruesos de bacalao
  sin piel ni espinas y en trozos
  de 5 cm

12-16 gambas sin la cabeza,
  la cola ni el hilo intestinal

1 cucharada de aceite de hígado
  de bacalao

sal y pimienta

pan, para acompañar

Preparación

1 Ponga el azafrán en un cuenco refractario, añada el agua y resérvelo.

2 Caliente el aceite a fuego medio-fuerte en una cazuela refractaria grande de base gruesa. Baje el fuego y sofría la cebolla 10 minutos, hasta que empiece a dorarse. Incorpore el ajo, el tomillo, el laurel y el pimiento y rehóguelo todo 5 minutos, o hasta que el pimiento se ablande. Agregue el tomate y el pimentón y déjelo al fuego 5 minutos más, removiendo a menudo.

3 Incorpore el caldo, el azafrán con el agua y la almendra molida y llévelo a ebullición,

removiendo. Baje el fuego y déjelo cocer a fuego lento de 5 a 10 minutos, hasta que la salsa se espese. Salpimiente.

4 Mientras tanto, prepare los mejillones y las almejas. Deseche los que estén rotos y los que no se cierren al darles un golpecito.

5 Incorpore el bacalao con suavidad para que no se rompa y, después, añada las gambas, los mejillones y las almejas. Baje el fuego al mínimo, tape la cazuela y cuézalo 3 minutos. Agregue el aceite de hígado de bacalao. Prosiga con la cocción 2 minutos, o hasta que el bacalao esté hecho, las gambas estén rosadas y los mejillones y las almejas se hayan abierto; deseche los que sigan cerrados. Sirva la caldereta enseguida con pan para mojar en la salsa.

ACEITE DE CÁÑAMO

Los ácidos grasos omega-6 y omega-3 del aceite de semillas de cáñamo, así como el ácido gamma-linolénico, son ideales para aliviar los síntomas de la menopausia.

Es el único aceite que contiene lo que los expertos consideran un equilibrio perfecto de ácidos grasos omega-6 y omega-3: una proporción de 3:1. Es una fuente excepcional de ácido linoleico (omega-6) y ácido alfa-linolénico (omega-3), que son imprescindibles para prevenir o controlar enfermedades propias de la mediana edad como cardiopatías, cáncer, artritis, dolor articular y afecciones cutáneas. El omega-3 está muy relacionado con la prevención de la pérdida de memoria, el rendimiento mental, el alivio de la depresión y una menor incidencia de cardiopatías. El aceite de semillas de cáñamo también contiene ácido gammalinolénico, que equilibra las hormonas femeninas y regula el sistema nervioso, y ácido oleico, un ácido graso omega-9 cardiosaludable.

- Equilibrio perfecto de ácidos grasos omega-6 y omega-3.
- Numerosas propiedades saludables en la menopausia, la mediana edad y la vejez.
- Contiene ácido gamma-linolénico para el equilibrio hormonal y ácido oleico, así como pequeñas cantidades de vitamina E cardiosaludable.

Consejos prácticos:

Ideal para aliñar ensaladas y hortalizas solo o con otros ingredientes. O mézclelo con el batido del desayuno. Refrigérelo y no lo utilice para cocinar, ya que perdería parte de los nutrientes y se oxidarían las grasas. La dosis diaria recomendada es 1 cucharada.

¿SABÍA QUE...?

El aceite de semillas de cáñamo no contiene tetrahidrocannabinol (THC), el ingrediente activo de la marihuana. Durante la presión es posible que trazas del THC de las hojas pasen al aceite. Aun así, la cantidad es tan ínfima que no tendría efecto alguno.

VALOR NUTRICIONAL DE 15 ML DE ACEITE DE SEMILLAS DE CÁÑAMO

Kilocalorías	123
Grasas	13,6 g
Ácido linoleico (omega-6)	7,75 g
Ácido alfa-linoleico (omega-3)	2,5 g
Ácido gamma-linolénico	340 mg
Vitamina E	20 mg

Ensalada de pomelo e hinojo

PARA 4-6

2 pomelos rosas

1 cucharadita de sal

1 bulbo de hinojo

2-3 cebolletas (cebolletas tiernas)
en rodajitas

1 cucharadita de semillas
de comino

2 cucharadas de aceite de semillas
de cáñamo

1 cucharada de aceite de oliva

1 puñado de aceitunas negras,
para adornar

Preparación

1 Pele con un cuchillo los pomelos y realice un corte en la membrana blanca para separar los gajos. Pélelos y deseche las pepitas. Corte los gajos por la mitad, póngalos en un bol y sálelos.

2 Parta el bulbo de hinojo por la mitad a lo largo y, después, a lo ancho, y córtelo en rodajas finas en la dirección de la fibra.

3 Añádalo al pomelo e incorpore la cebolleta, las semillas de comino y los dos tipos de aceite. Adorne la ensalada con las aceitunas y sírvala enseguida.

100

ACEITE DE OLIVA

Consumido desde hace millones de años en la cuenca mediterránea, el saludable aceite de oliva se aprecia hoy en todo el mundo por sus magníficas propiedades.

Posiblemente el aceite más saludable sea el de oliva. Su principal ácido graso es omega-9, ácido oleico, y es mucho más rico en grasas monoinsaturadas que cualquier otro aceite. Se sabe que estas grasas bajan el colesterol, lo que a su vez reduce el riesgo de cardiopatías y apoplejías. El aceite de oliva virgen también contiene varios antioxidantes, como hidroxitirosol y oleuropeína, que previenen el cáncer de mama y la hipertensión; lignanos, que bajan el colesterol y previenen el cáncer; oleocantal, que es antiinflamatorio, y quercetina, que estimula la reparación celular y retrasa los signos del envejecimiento. Asimismo, es una buena fuente de vitamina K, que previene la osteoporosis, y de vitamina E, el antioxidante que mantiene la piel tersa, aumenta la libido y el rendimiento mental y reduce la intensidad de los sofocos.

- Regula el colesterol.
- Previene el cáncer de mama y la osteoporosis, y retrasa los signos del envejecimiento.
- La vitamina E alivia varios síntomas de la menopausia.

Consejos prácticos:
Guárdelo en un lugar oscuro, ya que la luz destruye parte de sus compuestos. Consúmalo un par de meses después de abrir el envase. Si es virgen extra, es mejor tomarlo crudo que calentarlo. Sírvalo con pan o rocíelo sobre una ensalada o unas hortalizas cocidas.

¿SABÍA QUE...?

El aceite de oliva más saludable es el virgen extra, preferiblemente prensado en frío. Contiene muchos más esteroles y otros compuestos que el aceite de oliva muy refinado.

VALOR NUTRICIONAL DE 15 ML DE ACEITE DE OLIVA

Kilocalorías	132
Grasas	15 g
Grasas monoinsaturadas	4,62 g
Ácidos grasos omega-9	10 689 mg
Vitamina E	2,15 mg
Vitamina K	8,1 mcg

Pesto tradicional

PARA 4

40 hojas de albahaca

3 dientes de ajo majados

25 g de piñones

50 g de parmesano rallado fino

2-3 cucharadas de aceite de oliva
   virgen extra

sal y pimienta

Preparación

1 Lave las hojas de albahaca y séquelas con papel de cocina. Triture la albahaca, los piñones y el parmesano en el robot de cocina o la batidora 30 segundos, o hasta obtener una textura homogénea. Si lo prefiere, maje todos los ingredientes en el mortero.

2 Si utiliza el robot, vierta el aceite en un hilo con el motor en marcha. Si hace el pesto a mano añádalo gota a gota mientras remueve enérgicamente. Salpimiente.

GLOSARIO

Ácido alfa-linolénico Ácido graso poliinsaturado omega-3 que el organismo transforma en ácidos EPA y DHA. Es esencial para la salud y solo se obtiene a través de la dieta.

Ácido docosahexaenoico (DHA) Ácido graso omega-3 del pescado azul que aporta varios beneficios, como prevención de cardiopatías, aumento del rendimiento intelectual y alivio de la depresión.

Ácido eicosapentaenoico (EPA) Ácido graso omega-3 del pescado azul que aporta varios beneficios, como prevención de cardiopatías, aumento del rendimiento mental y alivio de la depresión.

Ácido elágico Polifenol con propiedades anticancerígenas.

Ácido graso esencial/grasa esencial/EFA Grasa poliinsaturada esencial que el organismo necesita y que se obtiene a través de la alimentación. El ácido graso esencial omega-6 es ácido linoleico y el omega-3, ácido alfa-linoleico.

Ácido linoleico Ácido graso poliinsaturado omega-6 esencial para la salud que el organismo no fabrica y solo puede obtenerse a través de la alimentación.

Ácidos grasos monoinsaturados/Grasas monoinsaturadas Grasa que ejerce un efecto positivo en los niveles de colesterol y es cardiosaludable.

Ácidos hidroxicinámicos Antioxidantes que favorecen la proliferación de bacterias beneficiosas en el intestino y previenen desórdenes digestivos.

Aminoácidos Los 22 «bloques de construcción» de las proteínas que los alimentos contienen en distintas combinaciones y cantidades. Ninguno de ellos es esencial y solo se obtienen a través de la alimentación.

Antioxidante Sustancia que protege el cuerpo de los efectos perjudiciales de los radicales libres, las toxinas y los contaminantes

Antocianina Pigmento morado, rojo o azul de algunos alimentos con una potente acción antioxidante.

Betacaroteno *Véase* carotenos.

Beta-criptoxantina/criptoxantina Potente antioxidante que podría reducir la incidencia de algunos tipos de cáncer.

Betaglucano Fibra soluble que contienen algunas plantas.

Beta-sitosterol Esterol vegetal que baja el colesterol.

Bioflavonoide/flavonoide Grupo formado por varios miles de compuestos antioxidantes.

Carotenos/carotenoides Pigmentos amarillos/rojos/naranjas beneficiosos para la salud. Los dos principales son el alfa y el betacaroteno. La luteína, el licopeno y la zeaxantina también son carotenos.

Catequina Compuesto del grupo de los flavonoides que se encuentra en el té y otras plantas y previene cardiopatías.

Cianidina Fitoquímico antiinflamatorio que alivia los síntomas de la artritis y la gota, además de prevenir cardiopatías y cáncer.

Colesterol Sustancia grasa presente en muchos alimentos de origen animal que también fabrica el hígado humano. Es esencial para el organismo pero en determinadas circunstancias puede favorecer el desarrollo de afecciones cardiovasculares. *Véase* también HDL y LDL.

Compuesto fenólico/ácido fenólico/polifenol Grupo de compuestos vegetales antioxidantes muy relacionados con la prevención de cardiopatías.

Coumestrol Compuesto vegetal de efecto estrogénico y antiinflamatorio que previene la artritis, las cardiopatías y el cáncer.

Daidzeína Isoflavona vegetal con efectos estrogénicos suaves.

Diabetes Enfermedad que consiste en el aumento excesivo de glucosa en la sangre. La diabetes de tipo 1 se produce cuando el páncreas no fabrica insulina y la de tipo 2 cuando fabrica insulina insuficiente o que no surte el efecto esperado.

Esteroles/fitoesteroles Compuestos vegetales que podrían bajar el colesterol.

Estrógeno Hormona femenina que fabrican los ovarios. Tras la menopausia, el nivel de estrógenos se reduce drásticamente y conlleva riesgo de osteoporosis, reducción de la libido y cardiopatías.

Fibra soluble Tipo de fibra con propiedades beneficiosas para el sistema digestivo y los niveles de colesterol.

Fitoquímico/fitonutriente Compuestos químicos de las plantas conocidos por sus propiedades saludables pero distintos de las vitaminas y los minerales.

Flavonoide *Véase* bioflavonoide.

Genisteína *Véase* daidzeína.

HDL Lipoproteínas de alta densidad que se mezclan con el colesterol y lo transportan a través de la sangre. Conocido popularmente como «colesterol bueno» porque limpia las arterias y previene cardiopatías.

Homocisteína Aminoácido que se sintetiza en el organismo, cuyo exceso en la sangre es un importante factor de riesgo de cardiopatías.

Índice glicémico Sistema de catalogación de los alimentos con hidratos de carbono según su incidencia en los niveles de glucosa. En una escala de 0 a 100, el azúcar tendría el índice más elevado. La diabetes de tipo 2 requiere una dieta con un índice glucémico bajo.

Indoles Compuestos vegetales con una potente acción anticancerígena.

Insulina Hormona producida por el páncreas que regula los niveles de azúcar en la sangre.

Inulina Carbohidrato que actúa como fibra y prebiótico en el sistema digestivo.

LDL Lipoproteínas de baja densidad que transportan grasas, como el colesterol, a través de la sangre. Un nivel elevado de colesterol LDL se asocia a cardiopatías. Conocido como «colesterol malo».

Licopeno Caroteno que podría prevenir el cáncer.

Lignano Estrógeno vegetal.

Limoneno Aceite antioxidante que previene el cáncer de mama. puede bajar el colesterol «malo».

L-tirosina/tirosina Aminoácido que mejora el rendimiento mental y aumenta la vitalidad.

Luteína *Véase* carotenos.

Metabolismo Reacciones químicas que se producen en el organismo mediante las que los alimentos y los líquidos se degradan y sus nutrientes reparan, mantienen y aportan energía al cuerpo.

Omega-3 Grasa poliinsaturada esencial para el organismo que aporta muchos beneficios y previene varias enfermedades.

ORAC Siglas en inglés de Índice de Capacidad de Absorción de los Radicales Libres de Oxígeno, un método internacional de calcular el efecto antioxidante de alimentos vegetales según su capacidad para neutralizar radicales libres.

Pectina Tipo de fibra soluble entre cuyos beneficios se cuentan la reducción de colesterol «malo».

Poliinsaturada Tipo de grasa, rica en ácidos grasos omega-6. Los omega-3 son una grasa poliinsaturada menos abundante.

Prebióticos Compuestos, llamados oligosacáridos, que estimulan la proliferación de bacterias beneficiosas en el intestino.

Probióticos Bacterias intestinales beneficiosas, como acidofilus y bifidobacterias, que refuerzan el sistema inmunológico.

Pterostilbeno Compuesto que inhibe la oxidación del colesterol «malo» y es bueno para las arterias.

Quercetina Antioxidante que se encuentra en el té, las cebollas y las manzanas.

Radicales libres Átomos o moléculas inestables y muy reactivos que son un subproducto del metabolismo pero que en exceso pueden provocar enfermedades o envejecimiento prematuro.

Resistencia a la insulina Estado asociado a la diabetes de tipo 2 en el que la insulina no funciona de manera efectiva y se acumula en la sangre.

Rutina Compuesto que fortalece las venas y podría prevenir las varices y arañas vasculares y reducir la retención de líquidos.

Saponinas Compuestos vegetales que inhiben el crecimiento de tumores y se encuentran en las legumbres.

Síndrome de colon irritable Desorden del sistema digestivo que se caracteriza por la presencia de retortijones, dolor abdominal, hinchazón, estreñimiento y diarrea.

Síndrome metabólico Conjunto de síntomas cada vez más habituales en la mediana edad que consisten en acumulación de grasa abdominal, resistencia a la insulina, intolerancia a la glucosa, hipertensión y perfil sanguíneo pobre.

Sistema inmunológico Meca-nismo del organismo que lo protege de enfermedades y otros patógenos adversos.

Sulforafano Compuesto vegetal que podría prevenir el cáncer y la diabetes.

Sulfuros/organosulfurados Compuestos antioxidantes y estimulantes del sistema inmunológico.

Taninos Compuestos vegetales del grupo de los polifenoles que inhiben la absorción de minerales pero que tienen propiedades beneficiosas para la salud.

Triptófano Aminoácido que favorece la relajación y mejora el estado anímico mediante la secreción de serotonina en el cerebro.

Zeaxantina *Véase* carotenos.

ÍNDICE ANALÍTICO